まえがき

通信教育のトップである進研ゼミを、今から三十年前に手掛けました。担当者はそれまでの教材をすべてやめ、向山の作った教材に変更してくれました。当時、福武の若社長も責任者も担当者も、皆その教材に賛成してくれたのです。

私は、当時ＮＨＫの人気番組だった「クイズ面白ゼミナール」の出題者をしていました。ライターの先生方は二ヶ月くらいで交代になりましたが、私一人は、番組の最初から終了までライターでした。そのＮＨＫの超人気番組のテロップに何年も向山洋一の名が出ていました。

ＮＨＫ人気番組ライターの競争はすごいものがあります。どの人も日本のトップをとったことのある人ばかりです。

そんな人でも半年はもちません。面白く、誰も知らない、引きつける力のある問題を作れないからです。会議のやり取りも興味深いものでした。プロ中のプロたちの集まりで、どの人も著作を何冊も出している人たちの知恵の競争だったのです。

私は、その仕事を七年間、続けました。プロ中のプロを相手に、次々と変わるプロを相手に生き残ったのです。

私は、「書く」という場で、このようなプロがいるということを知っています。鋭い視点、場面の切り取り、内容の深さ、新しさなどがあってこそ、一流です。

これまでの私の経験を、研究会などでも、師尾氏をはじめ先生方に繰り返し伝えて決まました。セミナーなどでも参加者にも伝えてきました。

本書は、師尾氏が、向山の体験や実践を、「書く」ということに絞ってまとめてくれました。向山から、教師の方々、保護者の方々へ伝えたいことが、書かれています。教師の「書く」ことに参考になると思います。内容的には、ビジネスマンの方々の「書く能力」アップにも役立つことと思います。

本書を参考にして頂ければ幸いです。

向山　洋一

保護者と教師のための文章教室

連絡帳の書き方と子どもへのアドバイスのコツ

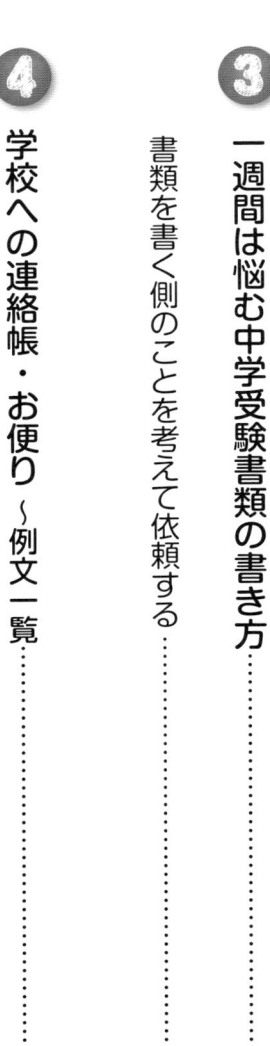

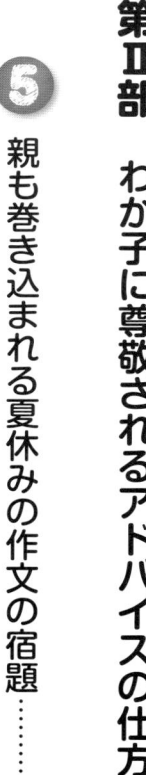

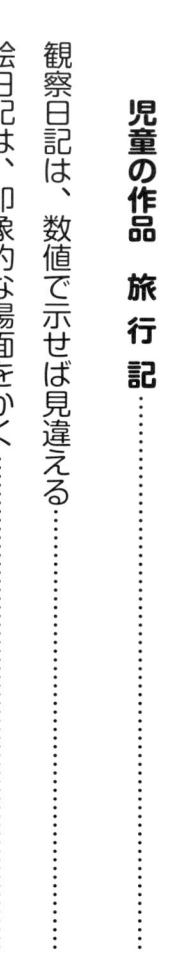

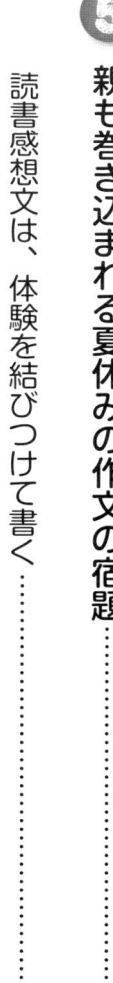

第Ⅰ部
保護者と教師を繋ぐ連絡帳・便りの書き方

気持ちと用件が伝わる文章を書く

連絡帳や欠席届け、入学願書など、親も作文しなければならない時があります。また教師も保護者への対応に気を遣いながら、お便りの返事を書かなくてはなりません。保護者と教師が互いに、文面を通しても、相手の気持ちを正しく受けとりたいものです。

また、簡単なお便りや連絡帳が保護者と教師の絆を強くする場面も生まれます。短い文面からも、小さな心遣い、礼儀やマナーを感じることがあります。保護者も教師も文を書くコツを心得ておきましょう。

読んで、すぐに内容が飲み込めるほうが名文です。二度、三度と読み返さなくてはならない文は、悪文とはいわないまでも、あまり、上等な文ではありません。三度、四度と読みなおして、なお意味のつかめない文は、悪文です。残念ながら、「教育書」は悪文が多く、「まんが」は名文が多いのです。

教師は良心的な人が多く、二度、三度読みなおして意味がわからないものは、自分の能力がたりないためだと思うそうです。そんなことはありません。能力が不足しているのは、「意味不明」な文を書いた執筆者なのです。悪文をまねするから、自分も悪文になるのです。

1 連絡帳の書き方マニュアル

小学校の場合、「**連絡帳**」などと称して、

- **欠席届け**
- **見学届け**
- **お願い**
- **苦　情**

などを、一冊のノートで親と教師がやりとりする場合が多いようです。

こうした「届け」を書くとなると、「どう書けばいいのか」とだれでも思います。しかし、書く内容にもよりますが、ほとんどの親が、学校へ手紙を書くことをきらっています。書き方が分からないためや、読み手である教師に正しく、文意が伝わるだろうかという不安からくるようです。

担任の先生（普通の常識的なよい教師）に好感を持たれる、常識的な書き方を場面ごとにレクチャーしてみましょう。

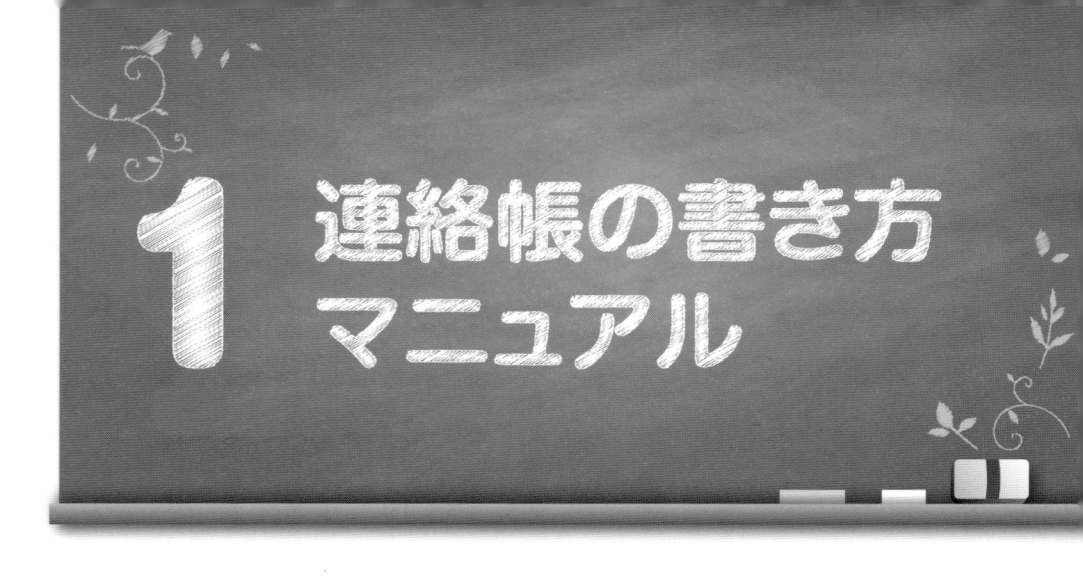

Point　欠席届けは、礼儀正しく感じよく書く

毎度おなじみの欠席届です。
子どもを持てば、だれでも書いた経験があると思います。
「書き方は、どうでもいい」といえば、それまでですが、
こういうことにこだわる人も、いっぱいいいます。

問題 1（担任の先生になったつもりで答えてください）

次のうち、どの欠席届がよい印象を受けるでしょう。

① 本日、風邪のため、休みます。
② ○月○日　いつもお世話になっております。高熱のため、本日は休みます。
③ ○月○日　勇生がいつもお世話になっています。昨夜から、熱をだしておりますので、本日は、休ませていただきます。連絡帳は、○組の鈴木さんが届けてくれることになっています。

解答・解説

答え　③

○月○日　勇生がいつもお世話になっています。昨夜から、熱をだしておりますので、本日は、休ませていただきます。連絡帳は、○組の鈴木さんが届けてくれることになっています。

③でなくてはいけないということはありません。しかし、どういうわけか、**礼儀正しく感じのよい親の欠席届**には、**簡単な挨拶**が添えられています。また、**翌日を配慮**し、**連絡帳を受けとる手立て**が記されていることが多くあります。「弟（○年○組）が、放課後、とりにまいります。」と書き添えられていることもあります。そうなれば、担任は、翌日の予定などを書き、届けてくれるお子さんに手渡す手筈を整えることになります。ちょっとしたお互いの心配りから、気もちのよいやりとりができるわけです。

マニュアルがないため、さまざまな書き方があります。だからこそ、保護者の姿勢が如実に伝わるのです。担任と一緒に子どもを教育しているのですから、礼儀正しくありたいものです。

Point 見学届けは、子どもの様子が伝わるように書く

体調をくずしたり、けがをした時、体育の時間やクラブを見学させたい場合が出てきます。また、女子は、生理の時、水泳などの授業を見学せざるを得ません。

問題 2 （場面を想定して答えてください）

子どもが授業を見学したい場合、見学届けの出し方はどうしていますか。

① 見学届けはそのつど出している。
② 長引く場合は見学届けを出している
③ 見学届けは出さない（子どもが口頭で願い出る）。

解答・解説

答え　①

見学届けはそのつど出している。

①がいいと思いますが、これも、「絶対こうするべきである」というようなものはありません。担任の先生が、子どもの口頭でよしとする場合もあるでしょうし、届けを要請する場合もあります。

学校に行ってから、体調が悪くなる場合もありますので、届けがなくては、見学できないことは、もちろんありません。

ただ、子どもによっては、上手に説明できず、見学の理由がまったく教師に伝わらないため、教師が判断に困る場合が生じます。また、子どもが体育をきらう場合、（極稀ですが）、自分の都合で見学を申し出てしまいます。

教師側からいいますと、口頭で報告を受けた時、メモを取る場合がほとんどです。口頭での申し出は消えてしまうので、見学が複数の場合そうせざるを得ません。

見学届けが出されていれば、教師としては、安心ですし助かります。届けがないまま、授業を三回、四回と見学した時、教師は心配になります。思いもかけない事故やつまずきが、見学届けで防げる時があるのです。

風邪をひいている、けがをしている、頭が痛い、腹が痛いなど、子どもの体調はさまざまです。

子どものようすを伝える見学届けを書いてみましょう。

ここは一つ、練習してみてください。

問題3（場面を想定して答えてください）

子どもが足首を痛めています。
体育の見学届けを書いてみましょう。

解答・解説

次のことが書けていたら、○をつけましょう。

（　）見学の日時が書けている。

（　）簡単な挨拶が書けている。

（　）見学の理由が書けている。

実際の見学届けの例をいくつか紹介します。

お世話になっております。
昨日から足首が痛いようです。本日の体育は見学させてください。今日一日ようすをみて、お医者様に行くか決めるつもりでおります。

おはようございます。

昨日、学校の帰りに転んで足首を痛めたようです。お医者様にまいりましたら、軽い捻挫ということでした。今週の体育は見学させていただきますよう、お願いいたします。

○○先生、いつもお世話になっております。
昨日の体育の時間の幅跳びで、足首を痛めたようです。その時は、大丈夫だと思い、先生にも申し出なかったようです。帰りまして、お医者様に行きましたら、ひびが入っているとのことです。とりあえず二週間、体育は見学するよう指示を受けました。また、二、三日の登下校は、つき添いますので、よろしくお願いいたします。

三番目の書き方は、もしかしたら担任への文句かもしれません。

つまり「うちの子は、捻挫して帰ってきたのに、先生は何もしてくれなかった」というわけです。

しかし、その時は大丈夫でも、帰ってから悪化したということもあります。

このような書き方ですと、担任も十分に想像して、届けを受けとります。

Point 学校へのお願いは、事実だけをはっきりと書く

子どもが学校生活を楽しく過ごしていれば、親として、こんな安心なことはありません。

しかし、時には、思いもかけぬ事故や事件が起こるものでス。「教科書がみあたらない。」「筆箱の中の鉛筆がよくなくなる。」「毎朝、おなかを痛がる。」「友だちが遊びに来なくなった。」…いじめのこと、泳げないこと、いろいろ心配ごとが生じるものです。

そこで、心配なことが生じたと想定して、次の問題を考えてみましょう。

問題 4 （場面を想定して答えてください）

子どもへの心配ごとが生じた時、担任への連絡の時期はいつがいいのでしょう。

① 気づいたらすぐがよい。

② しばらく、ようすをみてからがよい。

解答・解説

答え　①

気づいたらすぐがよい。

心配ごとの内容や先生のタイプで、若干の違いはあるかもしれません。

しかし、心配ごとが起きたら、早めに連絡しましょう。連絡した後ですぐ解決したら、「あのことは解決しました。」と再び連絡をすればよいのです。風邪と同様、予防や軽いうちの手あてのほうが、ずっと解決が簡単です。

教科書がなくなった場合は、隣りや近くの子の持ち物に紛れ込むことはよくあります。しかし、あまりに頻繁にある場合は、他の要因がくわわっていることもあり得ます。

子どもが、きちんとしなくなっているのか、友達関係にトラブルがあるのか。

小さなアドバルーンのうちに、大人が見つけ、手をうつことが大切です。

「子どものようすがおかしい」と気づいた時、親は、担任の先生にどのように連絡したらよいのでしょうか。

そのまま書けばいいことですが、早く解決することを願うなら、親の誠意が伝わることも大切です。

問題 5 （場面を想定して答えてください）

次のどちらかの場面を選び、担任の先生への連絡文を書きましょう。

① 教科書がなくなった。

② 毎朝、おなかを痛がる。

解答・解説

次のことが書けているかどうか、確認してみましょう。

（　）日時や、数字が書けている。

（　）思いでなく事実中心の文である。

どちらもよくあることです。例文を紹介します。

①の場合の例文

お世話になっております。

お願いがあります。一昨日より、国語の教科書がみあたりません。昨日、学校で、自分の机を探し、席が近くのお友達にも聞いたようですが、みつけられなかったとのことです。お手数をおかけいたしますが、探していただけないでしょうか。よろしくお願いいたします。

②の場合の例文

いつもお世話になっております。先週まで、あんなに元気に学校に通っておりましたのに、今週に入り、毎朝、おなかを痛がります。昨日、お医者様に行きましたが、特に心配はいらないといわれました。しばらく、ようすをみることにいたします。お手数をおかけいたしますが、どうかご配慮くださいませ。

単に、教科書がなくなった、おなかが痛いだけなら、すぐに解決することですが、そこに友達とのやりとりが絡んでくると、かなりむずかしくなります。

友達が子どもの教科書や鉛筆をかくしているらしい、友達がいじめられているらしいなど、はっきりしないことでも担任に伝えなければなりません。

前述しましたが、早期発見、早期手あてが、よいのです。

問題 6 （場面を想定して答えてください）

子どもがいじめられているらしいのです。担任の先生に連絡しようと思いますが、どんなことを中心に書くべきでしょう。

① ○○君が、自分の子どもをいじめているらしいので、何とかしてほしいという訴えを中心に書く。

② 自分の子どもがいじめられているようすについて、事実を中心に書く。

解答・解説

答え　②

自分の子どもがいじめられているようすについて、事実を中心に書く。

もし、教科書をかくした子が九〇％〇〇君だと思っても、書くべきではありません。それは逆の立場になり、考えてみれば分かるでしょう。

このようなことから、大きなトラブルになった例もあります。

事実だけをはっきりと書くことが、大切

であり、説得力があるのです。
その後は、担任がやってくれます。
実際のお願いの例をいくつか紹介します。

いつもお世話になっております。
三日ほど前から、広司の元気がありません。朝、学校に行く時に、おなかが痛くなるのです。今日は励まし、やっと送り出しました。また、それと同時に、新しい鉛筆を頻繁に筆箱に入れています。そのことについてたずねますと、「なくなった。」と答えます。これまでなかったことですので、主人とも心配しています。ご報告申し上げ、ご配慮をお願いいたします。

おはようございます。

昨日、学校から泣いて帰ってきました。たずねても、はっきりいたしません。今朝も元気がありません。いつも、学校のこと、友達のことをよく話してくれます。楽しそうな恵子を見ていつも安心し、先生、お友達に感謝しておりました。

たぶん、すぐによくなると思うのですが、よろしくご配慮くださいますようお願いいたします。

Point 学校への苦情申し入れは、直球でいくか、カーブでいくか考えて書く

「腹がたつこと」が時にはあるものです。腹の立つことをどう申し入れるか、これは、難しい問題です。でも、担任の配慮のなさをどうにか知らせたい時があります。

直球でいくか、カーブでいくかが考えどころです。

問題 7 （場面を想定して答えてください）

一年以上、子どものゴム印の文字が間違って使われていました。
苦情文には、次のどれを中心に書いたらよいでしょうか。

① 子どものゴム印がずっと、間違って使われていたが、問題ないのか。
② 先生は子どもの名前をしっかりおぼえているのか。
③ 卒業を控え、書類を書く時、気をつけてほしい。

解答・解説

答え　③

卒業を控え、書類を書く時、気をつけてほしい。

一年間も、違ったゴム印が使われ、違った名で取り扱われていたことになります。これまでの書類、卒業を控えて、今後の書類など、大丈夫なのか。だいたい、子どもの名前をしっかりおぼえているのか。

言いたいことはあっても、重要なことが印象に残るような申し入れをしましょう。

●実際例　親からの苦情申し入れ

先生、新年おめでとうございます。

三学期もよろしくお願いします。

先日、願書に添付します通知表のコピーをとります時、「明弘」が「明弘」の印になっていることに気づきました。もう卒業間近ですので、この印はこのままで結構ですが、卒業関係の書類を事務の先生が担当されるようでしたら、間違えのないようにお願いいたします。

先生から、明弘でなく、「朋弘」だとお伝えいただきたく、よろしくお願いいたします。

先生は深く反省の色を示し、次の返事が

きました。

すみませんでした。ゴム印の間違いは気づいており、押す時に修正するなど気をつけていたのですが、すぐ新しい印を作らずに来てしまい申し訳ありませんでした。今回のことも私のミスです。卒業生台帳は、私が書きますので間違いはありません。正しく「朋弘」君と書きます。

大切な名前のことですのに、印をつくり直さなかったことなど、失礼な対応で、本当に申し訳なく思っております。

2 通知表（通信簿）の保護者欄の書き方マニュアル

子どもについて、先生に書いてもらうのはうれしいものです。しかし、親として、子どもについて書くとなると、どう書いてよいものやら、躊躇してしまいます。

通知表の保護者欄をそのまま空白で返してもかまわないというものの、担任の先生が精一杯、子どもについて書いてくれたことに対し、簡単な返事を書くのは、礼儀ともいえます。

特に小学校の間くらいは、子どもについての成長の喜びを担任の先生にも伝えたいものです。

そこで、この章では、通知表（通信簿）の保護者欄の書き方を示していくことにします。

担任の先生に媚びることは、まったくありませんが、子どもの成長を感じた時には、指導に対しても、感謝の意を書きましょう。これまでの、子どものとらえ方を念頭におき、親として、学校での教育に対しての一言を考えてみましょう。

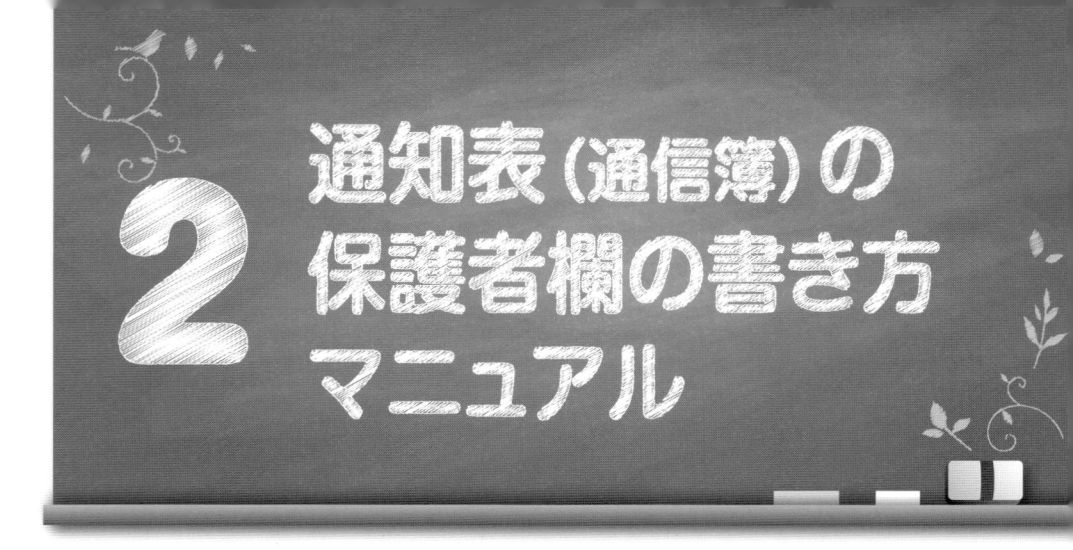

Point 子どものよさを見つめる

学期ごとに届く通知表は、子どもの学校でのようすを知る手がかりになります。

成績もさることながら、先生からの言葉の中には、子どもの意外な面や、納得できることが多く書かれています。

- おとなしいとばかり思っていた子が、授業中、活発に発言している。
- 食べものの好ききらいが激しくて心配していたが、給食を残さず食べている。
- 一人っ子で甘えん坊なのに、友達の手助けまでしている。

家の中だけでみていたのでは、子どものよさが、はっきりしないことがたくさんあります。

学校だからがんばれる、友達の中にいるから活躍できる、親として、それらのことに感謝の気持ちを持ちたいものです。

また、逆の場合もあります。

- しっかりしていると思っていたら、忘れものが多い。
- 何を聞いても、よく答えられるのに、成績が悪い。
- 運動神経がよく、自慢に思っていたのに、それが乱暴な行動であらわれている。

担任の先生は、一体、子どもをよくみていてくれているのだろうか。

子どものよさを知っているのかしら。

親として、子どもが最大評価を受けたいと願うのは当然ですし、間違いではありません。

ただ、子どもにかかわらず、人はみな、どの場面の言動も、その子あるいはその人の本当の姿であるといえます。

乱暴にみえる子が、飼育小屋のうさぎにとてもやさしかったり、学校の規則を平気でやぶる子が、下級生にはすごく人気があったり。

多くの子どもたちをみていると、どの子もすばらしいところを持っていることに気づきます。

多くの教師は、子どもを愛しく思い、最大限のよさを見つけたいと努力をするものです。

問題 8 （担任になったつもりで答えてください）

学校生活の中で、急に泣きわめいたり、怒り出したりする子がいます。教師はどのように書くでしょうか。

① がまんがたりないわがままな子
② 家庭でのしつけに問題がある子
③ 泣く、怒るという方法で心のバランスをとっている子

解答・解説

答え ③

泣く、怒るという方法で心のバランスをとっている子

私が出会ったYさんは、勉強も大変よくできる子でした。ご両親も穏やかな方です。双子のお姉さんがいて、二人とも優秀でした。頭もよく、感受性の強いYさんは、優秀な双子のお姉さんとの間で、知らず知らず、自分をそうした形で主張し、心のバランスをとっていたのかもしれません。

「いろいろな子がいていい。いろいろな子がいるからこそいい。」

われわれ教師にとって、最も大切な教えです。

年齢にもよりますが、小学生の子どもの中には、自分で自分をコントロールできない子もいるのです。親も教師も、早く大事な力を身につけてほしいと願うのですが、それぞれの子にあった時期があるようです。まだ、表に出せるだけいいかも知れません。

優秀でずっと生きてきた子が、「拒食症」の形で心のバランスをとり、命にまでかかわったことさえあります。

子どもをとらえるという点からもう一つ事例を紹介します。

ごく普通のやんちゃな男の子が一日に何度か、イライラし、ふてくされたり、物にあたったりするのです。学校でのようすですが、たぶん、家でもそうした状態になるはずです。通りがかりに、机を蹴ってみたり、廊下を歩きながら、掲示板をたたいてみたりするのです。そんなことをする子は大勢いますが、どこか病的な感じがするのです。とても明るく、やさしさももっている子です。

なぜ、病的かというと、一日に二、三回、決まってそうした激しい行動が出るのです。また、怒り方、ふてくされ方に脈絡がないのです。

ここで次の問題について考えてみましょう。

親として、なぜこんな状態になるのだと推測しますか。

問題 9 （親になって答えてください）

イライラする子どもをみて、原因はどこにあるか答えてください。

解答・解説

答え

食べているものに原因がある。

「食べもの」を原因の一つにあげた親は、大変立派です。

親として、責任を果たすべく、子どもの食生活にまで、配慮されている方でしょう。

もちろん、原因が絶対「食べもの」にあるといっているのではありません。

親として、教師として、そうした視点でも、子どもをみる力量を持たなければならないといっているのです。

その視点があるかないかで、学校への対応、文章の書き方が違ってくるのです。

ステップアップ情報

クラス全体に、

● おやつ食べもの調査
● テレビの視聴時間

の二つの調査をしました

問題になったN君（六年）は、ある日、得意なバスケットの試合の後、友達とのちょっとしたトラブルで、ふてくされ、自分の机を蹴り倒しました。

一つの出来事としては、たいしたことではありませんが、私は、N君を呼びました。私はN君の手をとりましたが、ふりほどきます。興奮がなかなかおさまらないようです。

「N君、この頃すぐ腹が立ったり、イライラしたりすると思わない？」

N君はうなずきます。自分でもわからないけど、イライラすることが多いと認めるのです。

私は、もう一度、手をとりながら、話しを続けました。調査結果を思いうかべ、いろいろ聞いてみました。おやつに、毎日コーラを二、三缶も飲んでいるというのです。スナック菓子もあればあるだけ食べてしまうらしいのです。

「コーラやジュースは、飲み過ぎると、体のカルシウムが破壊され、イライラすることが多くなる。」と、お医者様たちがいっていることを伝えました。

Step Up!

「しばらく、おやつの飲みものは、お茶や牛乳にしてみようよ。」

と働きかけました。話が終わる頃には、いつものやさしい顔になっています。私に、手を預けたままです。

翌日、コーラは飲まなかったことを報告にきました。自分でも、イライラする自分を何とかしたかったに違いありません。家の人にも話したそうです。

その働きかけから、三か月。驚くほど、穏やかになりました。保健の先生も、N君の変わり方を見て、

「イライラは、食生活にも関係していたかも知れませんね。」

と言われました。

追記すると、N君はテレビの視聴時間は、一日に四～五時間でした。

テレビやテレビゲームなどの視聴時間は、子どもたちの生活に大きく影響します。

家庭の中で、ルールが子どもにとって、かなり大事といえます。

Point 時には、「待つことが必要」な一年生の一学期

一年生の一学期は、何につけてもはじめてのことだらけです。子どもが学校生活に適応できるか、親として、学校や先生に対してどうあればよいかなど、不安が一杯です。

子どもに期待するあまり、大切なことが見えなくなってはいけません。

問題 10 （担任になったつもりで答えてください）

下のような文面で、通知表の保護者の乱の一言を受けとりました。この親は、担任に何がいいたいのでしょう。

① 一年生にしては、少しきびしい評価である。
② 先生は、一人一人をきちんと見ている。

> 一年生にしては、少しきびしい評価なのではないかと思いましたが、よく注意して、和恵のようすを見ましたら、納得いたしました。先生は、一人一人をきちんと見てくださっているというのが、あらためてわかりうれしいです。

解答・解説

答え ①
一年生にしては、少しきびしい評価である。

たぶん、受けとった通知表をみて、親は思ったより成績が悪く、がっかりしたのでしょう。腹さえ立てたかもしれません。

いいたいことを全部飲み込んで、「一年生にしては、少しきびしい評価」の気持ちだけを残して書いたのでしょう。

「内弁慶」という言葉があるくらいです。家の中でしっかりしている子、はきはきしている子も、入学したばかりで周りに気を遣って、一学期を過ごしたのかもしれません。賢い子ほど、そうしたことがあり得るのです。

その時、親として、学校の指導を非難したり、家では違うのだということを強調したりするのは、よい方法とはいえません。

どちらの姿も子どもの本当の姿なのです。先生は、成績をつけるため、それ相応の資料を整え、成績をつけます。

その点、この文面はよく考えられ、書かれています。

「きびしい」という自分のいいたいことだけに終わらず、親として、先生を受け入れ、支持しています。普通の先生なら、

「ちくっ」とくるはずです。親の気持ちを察することでしょう（成績が上がるかどうかは別ですが……）。

実は、この事例の一年生は、二学期になってとても成績が上がりました。緊張や遠慮がとれ、子どもの力が発揮できたのです。

一学期、緊張していたのは、だれのせいでもありません。

それぞれの立場で努力していたはずです。親の、先生を支持する姿勢、子どもの力を信じて待つゆとりがあったからでしょう。

また、教師も、その子のよさが発揮できていないことへの配慮があったのかもしれません。

通知表に書かれた文面をめぐって、それぞれの立場で精一杯の努力をし、誠意のあらわれとなったといえます。

そうした中で、生活できる子どもは幸せですし、必ず、よい力を発揮するのです。

教育は、時には、待つことが必要です。
そして、照る日も曇る日もあるのです。

Point

「友達とのかかわり」が大切な低学年

子どものとらえ方を中心に述べてきました。子どもの成長は、その内容も時期もさまざまです。

作業一つとっても、ていねいでのんびりしている子、雑で早い子。要領のいい子、悪い子。失敗も顧みずさっさととりかかる子、人の失敗をみてから成功の道を歩く子。どの子もそれぞれの個性に応じて、それぞれの作業にとりかかるのです。教師としても、親としても、どの子を否定できましょうか。いろいろな子がいろいろな方法で取り組むからこそすばらしいのです。

ただ、子どもの成長をみていると、年齢に応じて、特徴があります。地域などにより絶対的なものではありませんが、子どもの成長の度合いを考える視点を三つあげてみました。

問題 11 （図①を見ながら答えてください）

通知表に、親として、どの時期に、どんな観点で書けばよいでしょう。図①上下の・を線でつなぎましょう。

図①

低学年・	・ルールを守る
中学年・	・友達とのかかわり
高学年・	・責任を果たす

解答・解説

答え（解答例）

低学年	ルールを守る
中学年	友達とのかかわり
高学年	責任を果たす

これらの視点は、例示にすぎません。

低学年でも、ルールが守れなければ、問題になります。高学年で、友達とのやりとりが、スムーズでない子もいます。

ただ、低学年の場合、親のもっとも心配なことは、友達とのかかわりのようです。家庭訪問に行っても、個人面談をしても、話題に多くのぼります。

年齢が低いほど、自分の興味や関心にそって行動します。

砂場で、一人で山を作っている子がいます。でも一人だからといって心配することもありません。

たぶん、そこにもう一人加わっても、同じことを続けるからです。

砂遊びをしたいからしているのです。

一年生の男子で、休み時間になると、決まって朝礼台の下にもぐってひっくり返っていた子がいました。

何がおもしろいのかわかりませんが、しばらく続いたある日、友達も二、三人加わりました。

たずねても、「おもしろい。」としか答えません。

ある日、朝礼台の上で跳ねている子をみて、音がすることがおもしろいのだろうとわかりました。

日かげのヒヤッとするのが気持ちよかったのかも知れません。

自分のやりたいことが中心にあって、友達とのかかわりが生じてくるのです。

低学年は、友達関係も、自分のやりたいことを一緒にできる小集団のかかわりであることが多いのです。

ステップアップ情報

友達とのかかわりに関する親からの文を紹介します。

いつも友達のことを話してくれます。学校が楽しくて仕方ないようすで、学校ごっこもよくしてくれます。よいお友達に囲まれ、感謝しております。

（一年女子　二学期）

あまり外に出ることを好みません。友達とのかかわりも少ないようです。そのため、発散しきれていないところがあります。家では、過干渉にならないよう、少し長い目で見守る努力をいたします。

（一年男子　二学期）

先生や友達、集団生活の人との触れ合いの中からよいこと、悪いことを学びはじめられているようです。また、自分がきちんとやらなければならないことやきまりを守ることも、感じとって身につけていってほしいと思います。家庭でも教えていきます。

（二年男子　二学期）

低学年の子をもつ親の文例

● 毎日、楽しく通うことができました。帰ってくると、友達のこと、学校であったことを話してくれます。よい友達に恵まれているようです。

● おとなしかった子が、友達の中で生き生きと話す姿をみて、親としてうれしく思います。温かいご指導に心から感謝申します。

Point 「ルールを守る」ことが大切な中学年

中学年は、友達とのかかわりが上手になり、小集団より多くの友達と遊べるようになります。

そのかかわりの中で「ルールを守る」ことが大切になってきます。

また、学校生活に慣れてくることから、低学年まではできていた約束が薄れてくるのです。

低学年の時は、毎日きちんと学習の準備をしていた子がしなくなる場合もあります。

片づけや、時間に対する約束事も崩れかかります。

「そういう時期なのだから仕方ない。」と考えてはいけません。せっかく低学年で身についたことを守っていくことは、極めて大切なことです。

学習の準備は、教室での学習を実りのあるものにする基本です。

筆箱の中に短い鉛筆が一本（芯も丸まっている）しか入っていない子どもは、あまり成績がよくありません。消しゴムもなく、つい、友達のものを借りることになるのです。

そうした子どもも、入学当初はきっときちんと準備していたに違いありません。

基本的な学習準備の習慣は、きちんと積みかさねて身につけさせる、子どもの成長に大切なのです。

中学年は、楽しそうな子どもの姿に目を奪われ、安心し、大切なことを見落としがちなのです。

また、親も一息つく頃といえますが、せっかく低学年で身についた大切な習慣を守っていくよう声かけはしたいものです。

崩れた習慣は、高学年では、とり戻すことが難しくなります。

子どもが力を発揮できる状態を保っていられるよう、見守ってやらねばなりません。

Step Up!
ステップアップ情報

中学年の子どもを持った親の文例

●興味関心が広がり、小さな虫の説明や友達の飼っている動物の話などを聞かせてくれます。その中から、命を大切にすること、してはいけないことを学んでいます。家庭だけではできない学習です。二学期もよろしくお願いします。

●毎日の授業が楽しいそうです。言わなくても、時間割りをそろえるようになりました。こどものやる気を引き出してくださってありがとうございます。

●積極的になってきました。言うこともしっかりしてきたように感じます。返事や挨拶をきちんと指導していただき感謝しております。

●短い時間ですが、家でも机に向かうようになりました。頑張れるよう、静かに、見守るつもりです。

●おしゃべりを心配しています。授業中の話やお友達の話を最後まで聞くことが大切だと家族で話し合いました。ご指導よろしくお願いします。

どの親も、子どもが持つ力を謙虚に認め、指導への感謝をあらわしています。また、口うるさくならないように見守る態勢を整えています。子どもは、暖かな環境の中で、見守られ、伸び伸び力が発揮できるのです。

3 一週間は悩む中学受験書類の書き方

中学受験の人数は、地域によって、かなり差があります。都会ほど多いようです。都会は、交通の便がよく、通える範囲の学校がたくさんあります。また、親が中高一貫、中高大一貫の学校に入れ、落ち着いて勉強させたいと考えるからでしょう。

県によっては、私立中学がほとんどないところもあります。いろいろな問題点をかかえながらも、中学受験の体制はこのまま続くでしょう。

親が子どもの将来を見通して、方向づけられるのは、中学進学くらいかもしれません。

高校受験、ましてや大学受験は、子供が自分の力で考え、切り開くことでしょう。

親として、方向をだしたら、最善の方法で臨めばよいのです。

この章では、中学受験のために必要な書類に関するポイントをいくつか示していきます。

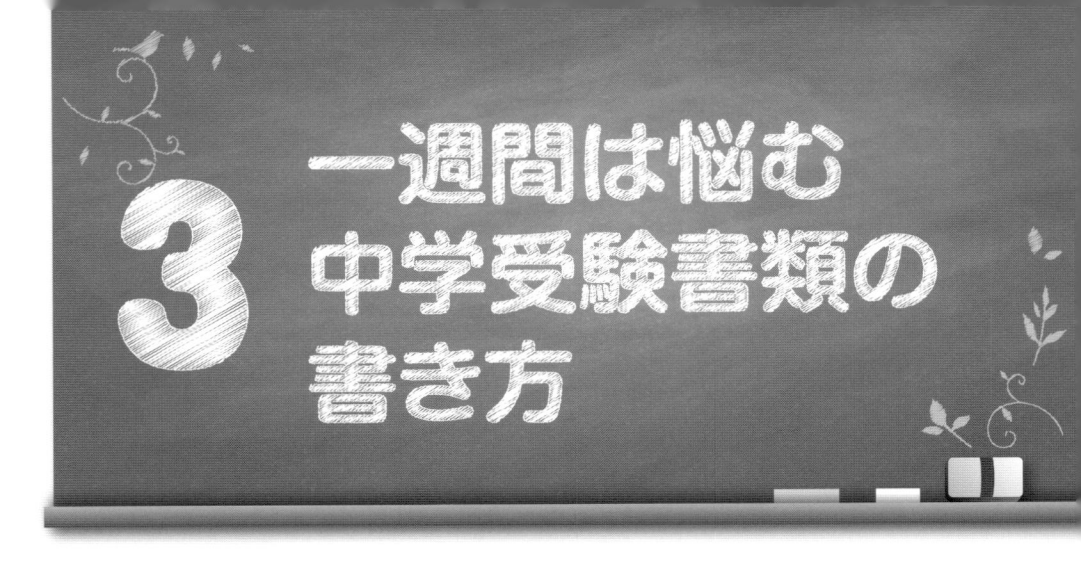

ステップアップ情報

小学校は、なるべく近いほうがいいということから、公立に進む場合がほとんどです。中学は、子どもが無理なく通えることができれば、国立・私立に限らず、子どもの力にあったところに入れさせたいと考える親が多くいます。

小学校の担任に、子どもを受験させることについて、なかなかはっきりとしたことをいわない親がいます。六年の秋の個人面談で、お聞きしても、

「まだ、迷っています。」

などという親がいます。六年の秋なのにあいまいな考えでは、合格するわけがありません。また、

「子どもにまかせています。」

という、子どもの意思にまかせているような口ぶりの親を持つ子どもも、ほとんど合格しません（経験則からです）。

子どもは、親の迷いのたびにふりまわされ、落ち着いて勉強できないでしょう。中学受験の勉強は、遅いスタートでも五年生のはじめからといわれます。

中学受験の勉強は、学校の勉強をしていただけでは合格できません。そんなことは間違っていると思われても、最近の私立中学受験はそうなのです。

ピアノで「ドレミファソラシド」がきちんとでき、上手に弾けても、練習しなければ、難しい曲が弾けないことと似ています。

Step Up!

五年生の間は、塾に行かせないで、家で毎日、親子で受験勉強をしたケースもあります。

学校から帰ったら、子どもは少し寝て、お父さんが帰ってきたら、一緒に勉強したそうです。お父さんは、一緒に勉強していて楽しかったと言われます。楽しかったから続いたのでしょう。お母さんの話では、子どもが寝た後、お父さんだけで算数の問題を解いていたこともあったそうです。

まったく頭が下がります。

基礎学力をそうした形でつけ、六年生になり、模擬試験の経験や情報を得るため、入塾させたそうです。算数が突然解けるようになったのは、六年生の夏休みだったそうです。

効果が出るには、そのくらいの時間がかかるのです。

その子は、見事超難関校に合格。親として、しっかりした方針と計画をもって中学受験に臨んだのです。

その後、東大、大学院へと進み、自分で学者の道を選択していきました。

書類を書く側のことを考えて依頼する

担任の先生への報告書の依頼も、ある程度余裕をみて、

早め早めに依頼しましょう。

できるだけ、冬休みの前に渡せるよう準備するべきです。クラスに受験者が十人いれば、担任の先生は三十枚から四十枚の報告書を書く場合もあるのです。

最近は、通知表のコピーなどで受験できるようになり、減る傾向にありますが、冬休み返上という先生もいます。

報告書の依頼の仕方は実にさまざまです。

子どもに封筒を持たせ、

「先生、はい。」

と渡される時があります。

そうした封筒に限って、名前すら書いてありません。

保護者の方の良識を問いたくなります。

封筒に名前を書くなどは、まったく当たり前のことなのですが、これさえできていないことが多いのです。

担任の先生は、封筒を受けとるたびに記名しなくてはなりません。

封筒に名前がないと、だれのものか調べる手間が、また後から生じますので、その場で処理しないとよけいに大変なのです。

封筒には、はっきり記名して提出します。

さて、いよいよ受験書類の封筒をあけ、中の書類にかかわるポイントを示していきましょう。

問題 12（報告書を書く立場で答えてください）

報告書を書くために、親に何をしておいてほしいと思いますか。

① コピーをとり、必要事項（住所、保護者の氏名など）を鉛筆で書いておく。

② 失敗の時のために、報告書を二部用意する。

解答・解説

答え
どちらも、ありがたい

コピーをとり、必要事項を鉛筆で書いておくのは、書類を扱う側（この場合は担任）にとってありがたいことです。

心ある親は、報告書のコピーをとり、鉛筆で、生年月日、住所・保護者名など、書けるところは、記入してあります。担任は、あれこれ調べなくても、写せばよいのです。

おまけに、間違いがありません。

失敗の時のために、報告書を二部用意するという配慮も、ありがたいのです。

ただ、これは費用もいることですので、無理にとはいいません。

教師は、報告書を緊張して、大変ていねいに書きます。何とか、合格させてやりたいと思うからです。ところが、様式の違う報告書の印を何枚も押すうちにさかさまに押してしまったり、押す位置を間違えてしまったりということもあり得るのです。

そんな時、わざわざ報告書の用紙を買いに受験校まで行ったという先生の話を、よく耳にします。見えないところで、誠意ある動きがあるのです。「間違える教師が悪いんだ」とはいえないでしょう。教師は費用も自腹を切るのです。

忙しい中、担任の先生は、それほど、一生懸命、誠意を尽くして書くのです。
そうした先生がいると知っただけで、担任の先生の苦労がわかることでしょう。
「失敗の時のために、報告書を二部用意」している親もいるのです。

報告書について示してきたことを念頭に置き、報告書作成の依頼文を考えましょう。

問題13（担任の先生になって答えてください）

担任の教師は、下の依頼文をどう思うでしょう。

① 要点がはっきりした明瞭な依頼文
② 相手の気持ちを考えない失礼な依頼文

一月十七日　いろいろ考えましたが、志望校が決まりました。報告書が一通必要です。一月二十日から願書の提出です。前日十九日までに作成していただきたくお願いします。

解答・解説

答え ②
相手の気持ちを考えない失礼な依頼文

多くの教師は、「② 相手の気持ちを考えない失礼な依頼文」と思います。

この依頼文を受けとった先生は、その日、熱がありましたが、やっと出勤したのです。

学校では、授業がありますから、子どもたちが帰ってからしか報告書の作成ができません。放課後は会議があるのが常です。

また、この時期は、ほとんどの報告書の作成は終了しています。作成に必要な資料や道具は片づけはじめています。

一通でも、印にしろ、資料にしろ、整えるためにかなり手間がかかります。まるまる二時間くらいはかかります。期日は、中一日しかないわけです。

おまけに、報告書を書くのは、当然担任の仕事といわんばかりの文面です。

こんな時の依頼文は、配慮したいものです。

問題⑬をふりかえり、解答に添って直してみましょう。

問題 14 （場面を想定して答えてください）

問題⑬の依頼文を、

① 挨拶を入れ、

② 作成のための日数が少ないことについての詫びを入れて、書きなおしてください。

解答・解説

解答例

先生、おはようございます。いろいろ、考えました末、志望校が決まりました。この時期になりまして、大変ご迷惑とは思いますが、一通、報告書が必要となりました。お手数をおかけいたし、大変恐縮なのですが、報告書作成よろしくお願いいたします。一月二十日が、願書提出のため、前日十九日までに、作成していただきたくお願いいたします。貴重なお時間を頂戴いたしましてすみません、何卒よろしくお願いいたします。

中一日しかないのは同じですが、書く側にとってみれば、気分はずいぶん違うものです。子どもが帰ってしまえば、教師は仕事などないものだと、世間一般に思われがちですが、会議や出張、事務整理、授業の教材研究など、ほとんど毎日スケジュールはつまっています。

頼む側の意識の中に、少しでもこうした知識があれば、依頼文は変わってくるでしょう。

小学校6年生の進学に関する担任の仕事はいろいろあります。最近は、受験書類を「報告書」でなく「通知表」の写しでよいという学校も増えています。以前は、クラスに十数人いれば、複数受験しますから、報告書と健康に関する書類など百通近く書く先生もいました。

そうして忙しく仕事をしていても、教師の多くが、わがクラスの子どもの合格を心から願い、書類を作成しています。文字も一字一字丁寧に、間違いがないように慎重に書いています。

受験する子に対してだけでなく、すべての卒業生の進学書類を作成します。指導要録抄本と保健診断票と呼ばれる書類を作成し、それぞれの進学先の中学に送付します。法令に基づく書類であり、手続きですから、きちんと作成されます。

教師の仕事ですから、一生懸命するのは当たり前ですが、保護者として、そうしたことを知っていれば、小さな配慮は生まれることでしょう。

4 学校への連絡帳・お便り～例文一覧

役に立ちそうな保護者から先生への連絡やお便りの例文を、参考のために一覧にしました。

❶ 欠席届け（連絡帳の場合）

○月○日

いつもお世話になっております。

昨夜から熱がでました。今朝も、三十八度近くありますので、欠席いたします。連絡帳は、三年二組の鈴木さんにお願いいたしております。

❷ 欠席届け（メール・FAXの場合）

○○小学校長　様

三年三組　○○先生

おはようございます。

朝から元気がありません。今流行っている「りんご病」にかかったようです。お医者様にまいりまして、指示に従うことにいたします。たぶん本日は欠席になると思います。

連絡、予定は、沢田さんにお聞きいたします。

○月○日　三年三組　○○○○○

③ 早退届け

○月○日

おはようございます。

今日は、眼科の診療を受けさせますため、四校時終了後、給食はとらず、早退させていただきます。よろしくお願いします。

④ 授業見学届け

○月○日

いつもお世話になり、ありがとうございます。

風邪が治りきらず、まだ、食欲もありません。本日の体育の授業は、見学させていただきたく、お願いいたします。

⑤ 体調に関するお願い

○月○日

朝、少しおなかが痛かったのですが、学校には行きたがりますので、登校させます。熱はありません。授業中、トイレに行きたくなるかもしれません。よろしくご配慮くださいませ。

⑥ 変更に関するお願い

個人面談予定表をいただきました。姉の中学の保護者会と重なってしまいました。変更をお願いいたします。

十一月七日（水）を十一月九日（金）に変更していただきたくお願いいたします。

○○さんにお願いいたしましたら、交替していただけることになりました。勝手を申し上げすみませんがよろしくお願いいたします。

⑦保護者会の欠席届け（その1）

新年度最初の保護者会ですのに、都合がつきませず、欠席させていただきます。息子は楽しく学校に通っておりますが、私の知らないところで、ご迷惑をおかけしているのではないかと案じております。何かありましたら、お教えくださいませ。

どうぞ一年間、ご指導よろしくお願いします。

⑧保護者会欠席届け（その2）

本日の保護者会に出席するつもりでおりましたが、私、昨日より、熱が出ております。欠席いたします。内容は、鈴木さんのお母様が教えてくださることになっております。

⑨苦情申し入れ

先日、調査書に「アトピー」のお願いをいたしました。先日の給食でマヨネーズが出ました折、「残さないように。」とのご指導があったとのことです。他のお子さんと違うことについて、なかなか自分で申し出られないようです。お手数とは存じますが、よろしくご配慮くださいますようお願いいたします。

⑩感想の一言（授業参観）

昨日は、授業参観ありがとうございました。

とても明るく、知的な授業でした。わからないことの答えを見つけようとする子どもたちの意欲がすばらしかったです。引っ込み思案な娘ですが、まわりのお子さんとともに活動できていました。授業の中で、一人一人に言葉かけをしていただいて嬉しく、感謝申し上げます。

テンポのよい授業ですので、のんびり屋のわが子のペースも少しはやくなるのではないかと期待しています。今後ともよろしくご指導くださいませ。

⑪ 感想の一言（保護者会）

昨日は、保護者会のお話を大変楽しく聞かせていただきました。子どもたちが、毎日を生き生きと送っているようすが目に浮かびました。入学して一か月ですのに、いろいろな学習に取り組んでいるのですね。掃除や食事については、家庭でもできることを見つけて、娘と一緒にやってみようと思います。安心いたし、一言お礼を申し上げたく筆をとりました。

⑫ 感想の一言（作品展）

主人と作品展を拝見いたしました。

一人一人の工夫やがんばりが伝わってきました。作業が雑な息子の作品も、なかなか根気よくがんばったあとが見られ、うれしく思いました。ご指導に感謝いたします。また、お疲れ様でございました。

⑬ 感想の一言（学芸会）

昨日の学芸会、本当にすばらしかったです。

（手前味噌になるかもしれませんが）三年生が一番大きな声で、伸び伸び元気よくできたと思います。劇の中の曲もとても美しく、場面と合っていました。先生、ご指導ありがとうございました。お疲れ様でした。

⑭ できたことへのお礼

昨日、学校から喜んで帰ってまいりました。興奮しながら、跳び箱が跳べたことを教えてくれました。夕食の時にも、家族で喜びました。

「先生が魔法をかけてくれたように跳べた。」と申しております。本当にすばらしいご指導ありがとうございます。

今度は「逆上がり」に挑戦するそうです。できないことができるようになると、ほかのものまでがんばれるのですね。心よりお礼申し上げます。

⑮ 親子文集（親）

クラス替えの名簿をうれしそうに持って帰った日が昨日のことのようです。たくさんの仲良しにかこまれ、本当に楽しい毎日でした。本読みや漢字など、学校で学習したことをよく家族に話してくれました。

「○○ちゃんは、足が速いんだよ。○○ちゃんは、字がきれいなんだよ。」

と、友達のすばらしさを自分のことのように報告してくれました。

娘は、先生をはじめクラスのみなさん一人一人をとても尊敬していました。このクラスで一緒に過ごせたことに感謝しております。

お世話になりました。

第Ⅱ部
わが子に尊敬されるアドバイスの仕方

学校での子どもたちの活動は多岐にわたっています

学期の節目には、代表が、全校児童の前で、意欲や豊富を語ります。その他、学習発表会、クラブや委員会発表など、人前で話をするという経験をする場面が設定されています。

人前で話すことは緊張を伴います。覚悟がいります。子どもたちなりに葛藤し、工夫や自信が生まれてきます。

わが子が代表になり、人前で話すことは、小学生、中学生の間に何回かおとずれることでしょう。そんな時、保護者として、その大きな学びのチャンスを後押ししたいものです。

ただ「がんばれ」だけでは、後押しにはなりません。経験を重ねて、大人になったとはいえ、自分を振り返っても、アドバイスはなかなか難しいことです。

本書のアドバイスを知っておくことは保護者としてだけでなく、ほかの場においても役に立つことと思います。

子どもが頼ってきた時、あたたかく、そして適格なアドバイスをしてあげて下さい。

5 親も巻き込まれる夏休みの作文の宿題

夏休みに宿題はつきものです。だれでも、夏休み終盤の甘酸っぱい思い出があることでしょう。

もっとも、近頃、夏休みの宿題は減る傾向にあり、都会ほどそうした傾向が多くみられます。お手伝いをはじめ、よい経験を伸び伸びさせたいというのが理由の一つです。

夏休みの後、「夏休み作品展」が開かれます。各クラスの後ろに作品が並べられ、保護者会の時に見学するようになっています。

親子で力を合わせて仲良く作ったのでしょう。八月三十一日の夜、けんかしながら作った作品もあるかもしれません。いずれにしても、夏休みの作品に関しては、子どもは、親のアドバイスを頼りにしています。子どもが親を頼ってくれるのは、小学校のうちだけです。精一杯、親の権威が上がるよう適切なアドバイスをしてあげましょう。

Point 読書感想文は、体験を結びつけて書く

「長い夏休み、子どもにぜひ本を読ませたい。」

教師も親も同じ期待をします。子どもにとって、読書は嫌なことではありません。ところが、読書に決まってふろくのように読書感想文がついてくるのです。読書感想文があるから、本を読むのが嫌だという子がたくさんいます。秋には全国的に読書感想文コンクールがあるので、夏休みの宿題になることが多いのです。

読書感想文を書く方法があります。読書感想文とは、「二つのテーマ」を扱う作文です。一つは、読んだ作品の紹介・批評、一つは、自分自身の体験と結びつけた感想です。

自分の考えだけ述べたのは、読書感想文ではありません。また、本の紹介・批評だけでも読書感想文とはいいかねます。読書感想文は、「作品」と「体験」の往復運動を指導の中に位置づけることが大切です。

新潟の山田加代子先生は、研究を続け、「山田式読書感想文指導法」を生みだしました。総理大臣賞をはじめ、数々の賞を受賞しています。この学習法は、教育雑誌で紹介され、全国の教室でも実践されています。子どもの読書感想文がガラリと変わるのです。「山田式」では、三つの段階を踏んで読書感想文を書きます。第一の段階は作品の中から感動した部分だけを抜き出します。抜き出せばいいのです

からだれでもできます。第二の段階は抜き出した文と関係する自分の体験を書きます。感動するというのは、何か自分に思いあたることがあるわけですからそれを書きます。第三の段階は、第一と第二の読みあわせの中から一つを選んで感想文にします。

これから、教室でおこなう「山田式」を少しアレンジして、読書感想文の書き方を実践していきましょう。大変有名なイソップ童話の中から、『ありときりぎりす』の感想文を書いてみます。だれもが知っている有名なお話です。同じお話を読んでも、読み手によって、感じ方や、印象にずいぶん違いがでるものです。

ありときりぎりす

暑い夏の日のことです。

きりぎりすたちは、草のかげに集まって、歌ったり、踊ったり、毎日毎日楽しく暮らしました。

その近くをありたちが、せっせと汗を流しながら、えさを巣に運んでいきます。

「ありさん、一緒に歌おうよ。楽しいよ。」

と、きりぎりすはありたちをさそいました。

「きりぎりすさんたちこそ、冬の準備をしなくていいのですか。」

と、ありは心配しました。

「まだまだ、時間はありますよ。大丈夫、大丈夫。」

きりぎりすたちは、歌い続けました。

秋風が吹き、やがて、冬がやってきました。

北風が吹く寒い夜のことです。一匹のきりぎりすが、ふるえながら、食べるものもなく、野原を力なく歩いていきます。遠くから楽しそうな笑い声が聞こえてきました。きりぎりすは、やっとの思いでその家にたどりつきました。きりぎりすは、戸をたたきました。

「どうか助けてください。おなかがすいて死にそうです。食べるものをめぐんでください。」

と頼みました。ありは家の中にきりぎりすを入れてやりました。

「夏の日に、ありさんの注意を聞けばよかった。」

きりぎりすは、ぐったりしてつぶやきました。

問題 15 （物語をよく読んで答えてください）

『ありときりぎりす』の文中から、心に残った文を書き抜きましょう。

解答・解説

どの部分でもかまいません。書き抜きができたら合格です

多くの人は、次のような文を選びます。

● きりぎりすたちは、草のかげに集まって、歌ったり、踊ったり、毎日毎日楽しく暮らしました。

● その近くをありたちが、せっせと汗を流しながら、えさを巣に運んでいきます。

● 「まだまだ、時間はありますよ。大丈夫、大丈夫。」

● 「夏の日に、ありさんの注意を聞けばよかった。」

● きりぎりすは、ぐったりしてつぶやきました。

大人も子どもも、このお話の感想は、自分のなまけ心に焦点があてられます。

子どもの場合、自分はなまけものだとは思わず、「ありさんは立派で、きりぎりすは、悪者。」のようにとらえることが、多くみられます。

大人は、ありの生き方を認めながらも、「ありにはなりたくない。きりぎりすの生き方もそれはそれでいい。」という考えが出てきます。同じ童話であっても、さすがに人生哲学が絡んできます。

書き抜いた部分は必ず、自分の体験に裏づけされているはずです。自分の誠実な生き方を主張する人、「なおそう」と思っても、なおらない自分のなまけ心とぴったりかさなる経験を持つ人。それぞれの体験が、文章と行き来するのです。

問題16（物語をよく読んで答えてください）

自分の書き抜いた部分とかかわる体験を五十字程度で書いてみましょう。

解答・解説

【小学生の場合】

「まだまだ、時間はありますよ。大丈夫、大丈夫。」

「夏の日に、ありさんの注意を聞けばよかった。」

● 長いと思っていた夏休みなのに、後五日になってしまった。感想文も書いてなければ、工作も漢字の復習も、計算プリントの二枚もやっていない。どうしよう。

夏休みに入る前に太郎君は、

「宿題、ほとんど終わったぜ。」

といっていた。ぼくは、そんなにしなくても大丈夫だと思っていた。太郎君、今頃楽しくやってるだろうな。

夏休みに、感想文の指導をした時の六年生の男子の作文です。

かなり切実に体験が絡んでいます。五十字の指定はしていません。

【高校生の場合】

受験を前にした、高校生の息子は、真っ先に「夏の日に、ありさんの注意を聞けばよかった。」を選びました。その体験はというと、

● 試験前のこの緊迫感。テスト範囲を網羅しきってない勉強量に対する

不安と苛立ち。一週間前の母さんの注意を聞けばよかった。（そうでしょ、そうでしょ…　母）

となるわけです。

また、こんな経験も書きくわえます。

● 友達が高三になって一斉に勉強しだした。受験、受験と騒ぐなみんな。こんなことなら、もっと、遊んでおくんだった。（こらっ…　母）

【サラリーマンの場合】

サラリーマンの方は「その近くをありたちが、せっせと汗を流しながら、えさを巣に運んでいきます。」を多く選びます。どんな体験とかさなるのでしょう。

● ＯＬたちは、うれしそうに退勤していく。やれ、英会話、スポーツクラブ　とますます美しく、元気だ。それを見送る俺たち残業族。

● 「ビアガーデン行こう。」なんて行けない日に誘うなよ。この暑い夜。何もなかったのに、のどが乾いてきてしまった。

だれでも、一つの童話に自分の体験をかさねることができるのです。

感想文を書いてみましょう。

書き抜いた文と体験を次のように往来させます。小学生と高校生の例を示します。


【小学生の場合】

書き抜き文

「まだまだ、時間はありますよ。大丈夫、大丈夫。」

「夏の日に、ありさんの注意を聞けばよかった。」

体験文

「長いと思っていた夏休みなのに、後五日になってしまった。感想文も書いてなければ、工作も漢字の復習も、計算プリントの二枚もやっていない。どうしよう。

夏休みに入る前に太郎君は、

「宿題、ほとんど終わったぜ。」

といっていた。ぼくは、そんなにしなくても大丈夫だと思っていた。太郎君、今頃楽しくやってるだろうな。

感想文

イソップ物語の中から「ありときりぎりす」を読んだ。知っている話だったが、自分とくらべてみるとよく似たところがあることがわかった。

「まだまだ、時間はありますよ。大丈夫、大丈夫。」の文は、夏休み前のぼくの気持ちとまったく一緒だ。夏休みに入る前から宿題のことを気にしていた太郎君を、ぼくは、ふしぎに思っていた。今になると、太郎君ぐらいがんばっておけば、今頃遊んでいられたのにと思う。

去年も夏休みの終わりに家族みんなで、夏休みの宿題をやった。母が、

「来年は、こんなことがないようにね。」

とおこりながらいったのを思い出す。今年の夏休みのはじめにも、母に何度かいわれたが、なかなかできなくて、今になってしまった。

きりぎりすが、「夏の日に、ありさんの注意を聞けばよかった。」と思ったように、ぼくは、今、母や太郎君のいうことを聞いておけばよかったと思う。ぼくときりぎりすはよく似ている。きりぎりすも命が助かったように、ぼくもたぶん、宿題は何とか間に合うと思う。

とても短い童話だったが、自分とくらべてみることがためになった。

この感想文は、書き抜き⬇体験⬇感想文の手順を教えて書かせたものです。嫌がっていた感想文ですが、あっという間に書きあげました。書くことが、おもしろかったようです。

ぜひ、この書き方で感想文に挑戦してください。すばらしい本をみつけると、自分とくらべる意義が深くなります。よい本と出合ってほしいものです。

【高校生の場合】

書き抜き文

「夏の日に、ありさんの注意を聞けばよかった。」

体験文

試験前のこの緊迫感。テスト範囲を網羅しきってない勉強量に対する不安と苛立ち。一週間前の母さんの注意を聞けばよかった。（そうでしょ、そうでしょ… 母）

友達が高三になって一斉に勉強しだした。受験、受験と騒ぐなみんな。こんなことなら、もっと、遊んでおくんだった。（こらっ…　母）

感想文

『ありときりぎりす』の本から学んだことは、「後悔は先に立たず」ということだ。

今、ぼくは受験の真っただ中に身を置いている。思えば、これまでののんびりした日々。それが、高三になって、「受験、受験！」と一応騒ぐみんな。こんなことなら、もっと遊んでおけばよかった。母にきかれたら、

「あんなに遊んでたでしょ。今ぐらい勉強するものよ。」

とか何とか言われてしまうだろう。

それにしても、試験前のこの緊迫感。テスト範囲を網羅し

きってない勉強量に対する不安と苛立ち、そして焦り。一週間前の母の注意を聞けばよかった。

「夏の日に、ありさんの注意を聞けばよかった。」きりぎりすは、ぐったりしてつぶやきました。

童話の終末がやけに大きくぼくの胸にのしかかる。

さて、いよいよ感想文にまとめてみましょう。

問題 17（これまで書いてきた感想文を仕上げるつもりで答えてください）

書き抜いた文と、五十字の自分の体験を照らし合わせ、感想文を書いてみましょう。

解答・解説

作品と体験の位置づけができましたか。解答例として、大人の作品を一つあげてみます。

【サラリーマンの作品】

●「ありときりぎりす」の話がこんなにも、自分の生活とかさなるとは驚きだった。

自分が「あり」のように感じるのは、思い過ごしなのだろうか。残業族の私に、

「お先に失礼します。」

と元気よく帰っていく女子社員は、夏の日のきりぎりすのようだ。現実は、「あり」は「あり」、「きりぎりす」は「きりぎりす」の生活を続けるのだから、童話の結末にはならない。

働かざるを得ない「あり」と、ビアガーデンで、一時の「きりぎりす」を楽しむ姿は、サラリーマンの姿の両面をあらわしているともいえる。

感想文にも書き方があることがおわかりいただけたことでしょう。だれもができる文の書き抜きから、自分の体験をかさねていくのです。

「作品」と「体験」の往復運動が書き方のコツなのです。

Point　旅行記は、ものを集めることが大切

夏休みの旅行記も昔からみる定番作品です。夏に旅行する家庭が多いからでしょう。せっかくの夏休みの家族旅行です。旅行記にまとめましょう。そのためには、行く前からある程度の段どりを立てておかなくてはいけません。

①　写真を撮ること。
②　地図や資料などを集めること。
（駅弁の表紙も大切な資料です。）
③　行った場所の日時や印象を簡単にまとめておく。

とにかく**「もの」**を集めることが大切です。出かける前、子どもに、「スタンプ・地図・どんなものも、集めるんだよ。」

と伝えておくだけで、子どもの旅行に対してのとり組みが違ってきます。ものを日づけ順、時間順にノートにきれいに貼りつけるだけで立派な旅行記です。私の教え子で、今や大活躍しているある女の子は、旅先の「チラシ」「はし入れ」「マッチのラベル」などを集め、とてもすてきな旅行記を作りました。

たとえ遠くに出かけなくても、小さな旅の取材の場所はいろいろあります。いつも遊びに行っている公園の自由研究もよいでしょう。公園は、時間帯で来る人が違います。遊び道具の遊び方一つとっても、楽しい研究ができます。あちこち、街にある公園を調べ歩きするのも楽しいものです。坂の多い街なら、坂の名前やそこからみえる景色を写真に撮ってまとめると観光案内のような自由研究ができ上がります。近くの川を上流まで歩いてみるのも立派な研究です。

大きな旅、小さな旅、それぞれに立派な宿題のテーマです。

これから、編者の向山学級の通信にのった「旅行記」を紹介します。この「ついにやった8キロメートル」という題の旅行記は、単なる旅行の記録ではなく、家族で三十キロを歩き通すドラマがあります。父、母、妹、弟、私のそれぞれの表情が手にとるように伝わってきます。また、祖父、祖母、親戚の人たちに温かく見守られ、完歩できた喜びが読者にさわやかな印象をあたえます。学級通信を受けとったたくさんの家庭で話題になったことでしょう。また、合いの手のように差し挟む向山先生の解説も、思わずほほ笑んでしまう明るさとやさしさに包まれています。

旅行記

ついにやった30キロメートル

戸塚までの徒歩の旅（朝6時15分〜夕6時28分）

四年　小口　令子（文中のイラストも本人）

はじめに

先生が、でっかいことか、ふだんできないことをやりなさいといわれたので、家の人と相談の結果、戸塚の親せきの家まで歩くことに決めた。

毎日の生活の中で何時間も歩きつづけたことがないし、人間は1日にどれだけ歩けるか、ためしてみたくなったから。

この計画について家の人の考え

・参加しない人の意見・

おじいちゃん……6才の子もいるのだから、途中は電車で行って7〜8キロメートルにすれば。

おばあちゃん……日射病になるからやめなさい。

向山

着想がおもしろく、それを実行したことがさらにすばらしい。令子は、ぜんそくがあり身体は丈夫なほうではない。しかし、今夏は水泳もがんばり6級から3級に上達している。始業式、真っ黒になって顔もひきしまって登校してきた。

祖父母の心配がよくわかる。年とっても、男女の差があって

親せきの人の言葉…疲れて歩けなくなったら、車でむかえに行くから電話してください。

・参加する人の意見・

お父さん…何が何でもぜったい行く。きょう子（妹・小1）が疲れたらおんぶして歩く。

お母さん…嫌だけどしょうがない。

私…………すごく疲れそうだけれど、もう計画表に書いたから。

8月15日（水）　晴れ時々くもり　終戦記念日

　5時30分に起きた。まだとてもねむかった。顔をあらって荷物を持った。お父さんは青いリユックに着がえなどを持った。お母さんは食べものだ。でもこれは食べてしまえば軽くなるのでいい。私たちは手ぶらだった。外に出たら、朝日がとても

おもしろい。祖父のほうは条件つきで、やることを提案している。

　おやじの言葉が何といってもひかる。かっこよすぎる。かあちゃんの言葉は夫唱婦随の典型か。

　計画表に書いたのをやらないと、あとで何かとめんどうだし……

5：30起床

いよいよはじまりである。

まぶしかった。ねむくてねむくて、「きのうもっと早くねればよかった。」と後かいした。写真をとり、ぼうしをかぶったりして、出発のじゅんびをした。6時5分に、大田区雪谷の私の家を出発した。その時は、みんなはりきって歩いた。朝早かったので、すずしく、気持ちよかった。

7時21分　元住吉

またどんどん暑い中を歩いて行った。お母さんは暑さにやられて東京音頭をおどりだす。お母さん、一生懸命おどる。みんなは、はずかしがって後からついてくる。

7時45分　日吉　3キロメートル

やっと慶応大学についた。お母さんはおどりながらここまできたのだ。みんな外の人が見ていても平気でおどっているのだから嫌だ。それでも、構内で朝食にした。おにぎり、牛肉のか

何ともいえずほほえましい。子どものはずかしさは、さぞや大きかったことであろう。

ぼくはこの部分が何ともいえず好きだ。

人は見かけによらぬもの。

(よるもの？)

んづめをお母さんがだした。それより早く、水とうのお茶はなくなった。コップがないのでそのままがぶがぶ飲んでしまった。それから私が「お母さん、かんきり持ってきた?」と聞いた。「そんな、持ってきたわよ。そんなバカじゃないもの。」といってかんきりを出した。食べようとして、「お母さん、おはしは?」と聞いた。「あっ、わすれた。」とお母さんった。しかたがないので、ブーブーもんくをいいながら手で食べた。横を通る人が見ているので、変な感じがした。なしも食べ、持ってきた食べものは全部食べてしまった。またすずしくなってきたので、8時15分にもう歩きだした。

9時10分　大倉山

暑いので氷屋へ入った。お父さんいちご、お母さんみぞれ、私いちご、将之ミルク、きょう子ミルクを食べた。口の中があ

こういう話なんかも、計算しつくしたようにぴったりと決まっている。

まくなったので氷屋さんが、つめたい水をれいぞうこから出してくれた。きょう子のことを男の子だと思ったらしく、「ボク」と呼んでいた。でもみんな何もいわなかった。帰る時「すいとうがあれば、お水を入れてあげますよ。」とおばさんがいった。でも、「とちゅうでなまぬるくなるからいいです。」とお母さんがことわった。外に出たら、日差しが強くなっていた。歩きつづけた。お父さんに新横浜で1時間も休むと聞いて、みんなよろこんだ。

12時45分

道路にすわりこむ。のどがかわいてしょうがない。お父さんがていさつに行った。

やっと道がわかった。とても急な坂をのぼって行った。ジーユースを買って飲んだ。

本当はお父さんが、「ここはさばくだと思ってジュースは買うな。」といっていたのに。でも一気に飲んだら、とてもおい

オヤジたるものかよわい妻子を守らねば…。一人でていさつに行くとは…。ここでもかっこよすぎるよ。

言うことにくらべて、やることが甘くなるのは親の常。

しかった。少し寒くなったぐらいだった

1時45分　昼食

今日は終戦記念日だった。2時にもくとうをするのをわすれてしまった。家を出る時、お父さんが「ビフテキの店があるから、お昼は、3000円のビフテキを食べよう。」といっていた。でもつかれてそこまで行く気がなくなって、300円のラーメンになった。水を飲むだけで食よくはなかった。

4時30分

お店で休む。コーヒーとジュースを買う。お母さんは、いとこの家に電話をした。「あと7キロメートルもあるなら車で迎えに行こうか。」とおじさんがいった。でも、

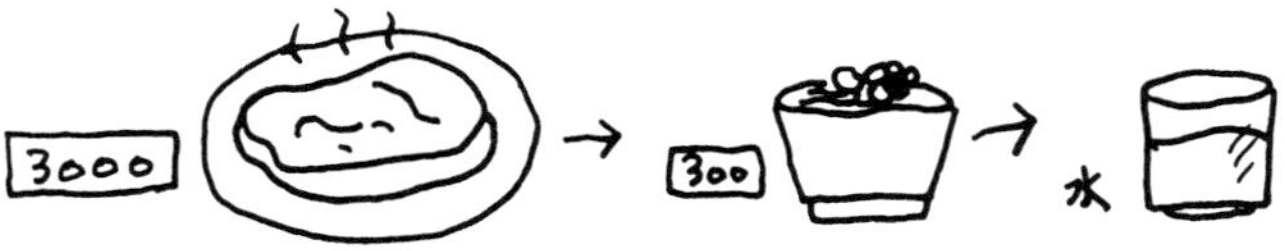

3000円が300円になるとは…。得をしたのはだれだろう。

「いいです。」とことわった。また歩きはじめる。弟は、後からだらだらついてくる。お父さんもすぐとちゅうで休む。妹は1番元気で走っていた。私とお母さんは、なんとか歩いて行った。もう足が重く、いたくなってきた。お父さんはジュースを飲んで休んでばっかりだ。そのうち森のようなところに入った。真っ暗で何にもない。おはかを作る予定だそうだ。日がくれてきた。みんなびくびくしながら歩いた。すぐ横からゆうれいが出そうだ。でもここを出れば、すぐ野村団地に出られるのだ。ずっと歩いて横を見たら、まっ赤な血のついたボロボロのシャツが木にかけてあった。みんなにいったらこわがった。それは何だったたか、今でもわからない。

その後、急にみんなこわくなって「よっちゃーん（いとこの名前）」と半分なきながら歩いた。ころがりそうな変な道をくだっていったら野村団地に出た。野村団地は山をきりひらいて家を作ったので、新しいきれいな家ばかりだ。さが

ここで迎えられちゃあ何にもならなくなるものなあー。

すのに苦労した。

5時28分　とうちゃく　30キロメートル

やっとひょうさつを見つけた時、もう、夢中で中にとびこんだ。そうしたらいとこのやすこちゃんが、「きよっちゃんきた！」とさけんだ。もううれしかった。東京の家から戸塚まで歩いたのだ。ついにやった30キロメートル。

愚弟が高校の時、山手線一周歩き旅をしたことがある。夜に出て朝にもどってきた。

馬鹿をする人間はどこにもいるもんだ。だから、人生って楽しいんだよな、きっと。

Point 観察日記は、数値で示せば見違える

一年生は、学校で育てた「あさがお」や「ミニトマト」の栽培を、ひき続き家庭で行うよう指示されるところが多いようです。また、学校ぐるみで菊作りにとり組み、観察日記を書く宿題がでた話も耳にしたことがあります。どの植物にしろ生きものですから、愛情なくしては、枯らしてしまいます。また、成長の記録をとりそこねてしまいます。ここは、一つ甘やかさず、子どもに水やりを自分でするよう声かけし、見守りましょう。子どもの中に育ってきている力を摘みとるような親の愛情であってはいけません。

問題 18 （愛情いっぱいで答えてください）

次のあさがおの観察日記の文に対して、親として、助言してください。

○月○日（○曜日）　朝早く、お水をやりにいくと、大きな花が、三つも咲いていました。とてもうれしくて、いつもよりたくさんお水をあげました。

解答・解説

次の三つの助言が効果的です。

① **数字を入れるよう助言する。**

② **あさがおに話しかけた言葉をいれるよう助言する。**

少しの助言で、次のように変化しました。子どもはほんのちょっとのアドバイスで成長します。

○月○日（○曜日）

あさ七じにおきて、あさがおにお水をあげにいきました。ピンクいろの大きな花が三つもさいていました。わたしの手とくらべたらおなじぐらい大きいので、

「よくがんばったね。」

とお花をほめました。土がからからだったので、たくさんお水をあげました。わたしはとてもうれしかったです。あさがおもうれしそうでした。

せんたくものをほしながら、おかあさんもわらいました。

③ **あさがおになったつもりで書く。**

これは、視点を変化させることです。視点を変えて書かせることは、中学年以上で学習します。一年では、難しいようでしたが、何とかあさがおのつもりになって書き

ました。

○月○日（○曜日）

わたしは、あさ早くから、大きなピンクの花をさかせて、えりちゃんをまっていました。えりちゃんは、わたしを見て、

「よくがんばったね。」

っていってくれました。わたしはうれしかったです。えりちゃんは、お水をいっぱいかけてくれました。のどがかわいていたので、とても、おいしかったです。

あさがおに限らず、数値で示すように一言助言すれば、見違えるほど、科学的な文になります。葉っぱの色や枚数、大きさなどの数値を入れさせるのです。「いっぱい咲いていました。」「大きな花」「きれいな色」などの表現より、数がはいったほうがいいわけです。これが、いずれ定量的、定性的な見方に成長します。

ステップアップ情報

もう一つ、動物の観察日記を紹介します。トカゲの観察日記です。

〇月〇日（〇曜日）
だいすけくんに、きょう、つかまってしまった。はじめは、びんの中に入れられたけど、大きないれものにうつされた。そこには、草も石もあってうれしかった。水まで入っていたよ。
でも、ぼく、かつおぶしなんかきらいだよ。

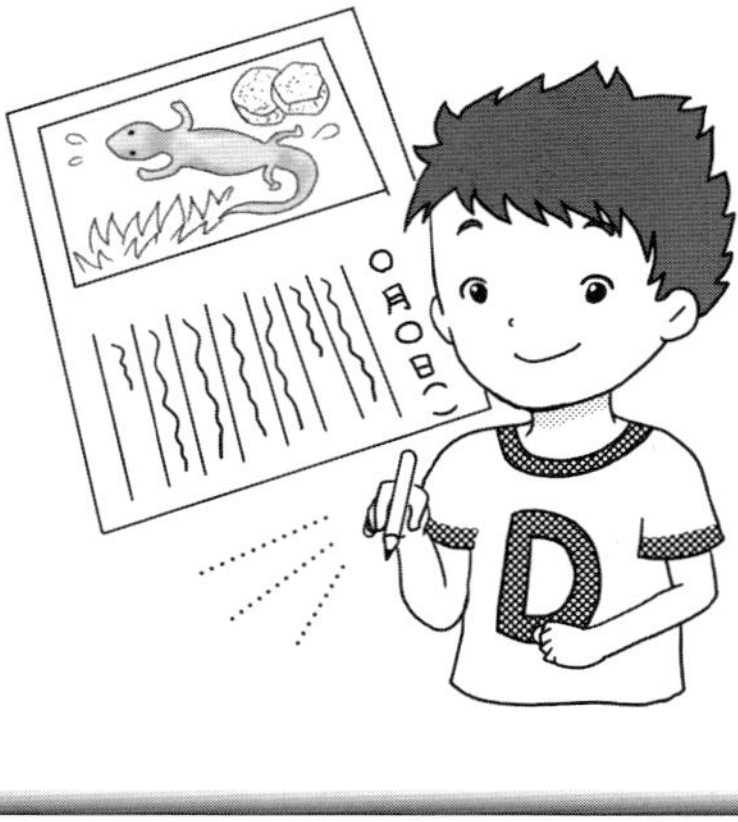

Point　絵日記は、印象的な場面をかく

一年生の夏休みは、「絵日記」の宿題が出ます。印象的なことをまず絵にさせることです。絵を書かせてから、文を書かせます。盆踊り、プール、田舎など、思い出深いことがいいでしょう。絵にしやすい場面をアドバイスするといいと思います。絵は大胆にするのがいいのです。朝日新聞の幼児作文コンクールからすぐれた作品を紹介します。

6月5日

きょう、父おやさんかん日でした。パパはテラスで手をふって、ニコッとわらいました。お父さんたちがいっぱい教室に入ってきました。先生が「ドからドまでふきましょう。」といいました。私はハーモニカをもったけど、体がかたくなってきんちょうしちゃいました。よんでないのにパパがそばにきてくれました。パパがずっといっしょにいてくれたので、まちがえないでふけました。パパありがとう。

神奈川県／レオスクールナーサリー（6才）　小館《こだて》　詩加《しいか》

6 代表になったわが子へ～挨拶文のアドバイス

最近は、校内活用の中で、集会委員会や放送委員会が人気です。多くの人の前で、挨拶すること、話すこと、イベントをリードすることを好むのです。正直なところ、全然力量がそなわってない子もやりたがります。学校の活動は、できなくても、やりたいという気持ちがあれば、それでよいのです。

男女はもちろん、勉強の出来、不出来もまったく関係なく、だれもが、その場に遭遇します。そんな時、逃げることなく、バッチリ、チャンスを生かし、責任を果たさせてやりたいものです。人前で話すことは、何よりも子どもにとって、価値ある経験になるのです。

小学校では、始業式や終業式をはじめ、さまざまな行事のはじめや終わりの挨拶、児童会の立候補演説などがあります。また、学校行事の中でもっとも厳粛におこなわれる入学・卒業関係の挨拶を、自分の子どもが担当することもあり得るのです。

カーネギーの話し方教室ではありませんが、コツを知っていれば、後は、実践あるのみです。

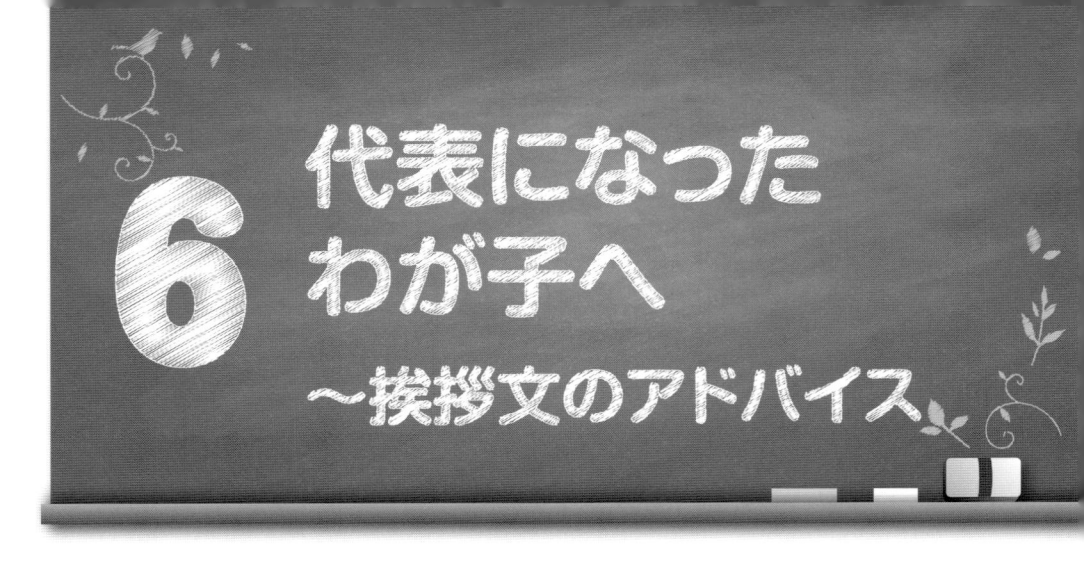

Point 挨拶はスカッと短く

東京都大田区のある学校で調査をしました。

校長先生に協力してもらい、ある週の朝会で、一つの内容、「挨拶をしよう。」についてだけ話してもらいました。朝会が終わって、教室に入り、子どもたちが校長先生の話をおぼえているかを調べてもらいました。その結果、ほとんど全員の子がおぼえていました。

次の週は二つ、たとえば、「挨拶をしよう。」「落ちているごみを拾いましょう。」を話してもらい、同じように調べると、おぼえている子の人数は半分になってしまい、驚くほど減ってしまいました。

さらに次の週、三つに増やしました。結果は見事です。三つおぼえている子はほとんどいませんでした。話の数が多くなればなるほど、子どもたちはおぼえていません。

挨拶も話も、スカッと短い方が、聞き手に入っていくものです。

問題19（だれかの挨拶を思い浮かべて答えてください）

人が挨拶を長いと感ずるのは、何分くらいでしょう。

解答・解説

答え

二分

人によって違うでしょうが、通常は、よほどすばらしい話でない限り、二分をすぎるとイライラしてきます。イライラしない人は、よほど人間ができているか、鈍い人です。挨拶する側は、聞いてもらっているということをしっかり意識し、人の時間を奪っていることを自覚しながら、挨拶すべきです。二分で挨拶できない人は、修業がたりない人です。

挨拶を聞く時は、何分話すか、時間をはかってみるとよいでしょう。その人の力量まで見えてくるものです。短く話すという意識がないと、考えもなく思いつくままのへたな話になってしまいます。

校長先生の朝会の有名な話があります。

雲一つない晴れ渡った秋空の日のことです。朝礼台に校長先生が立ちました。

「おはようございます。みなさん、上を見てごらんなさい。」

全校児童が空を見上げます。真っ青な空の色が目の前に飛び込んできます。

しばらく見上げた後、

「きれいな空ですね。これでお話を終わります。」

と台上から下りました。

Point 挨拶文の添削には、三つのコツがある

学校行事の中でもっとも挨拶が重要視されるのは、卒業式です。校長先生は、この日だけ、大きな顔をして、長い挨拶が許されます。

ただ、立派な校長先生は、いくら長いといってもイラつくような長い挨拶はしません。通常、十分間とされています。

来賓として呼ばれて、校長先生より長く話すのは常識がないというものです。教育委員会からの挨拶は三分くらいです。

卒業に関係して、多くの学校で、規模や内容は違っても、謝恩会やお別れ会が開かれます。運営も、親たちがしきる場合と、子どもたちが司会進行する場合とさまざまです。

会場には、来賓の先生方をはじめ、校内の先生方や主事の方、保護者の方たちと、中規模校以上でしたら、体育館でおこなう大イベントになることが多いようです。

そんな中、自分の子どもが挨拶することになった時、子どもより親の方が、心臓バクバクでしょう。

まず、大切なことは、間違えても、上手にできなくても、子どもにとっては、大変よい経験になるということです。もちろん上手にできるにこしたことはありません。上手にできるよう応援は大切です。

ただ、結果については、ほめてやればよいのです。

もし上手にできなかった時は、本人が一番めげているのです。親として、追い打ちをかけるようなことがあってはいけません。二度と人前に立ちたがらなくなります。

「がんばったね。」

「緊張したでしょ、お母さんにはとてもできないことよ。」

「よい経験になったね。」

いくらでも、たたえる声かけができるはずです。子どもは、それらの声かけがあって救われるのです。

上手にできた時の賞賛より、失敗した時のフォローこそが経験を積む上で重要なのです。上手にできなくて、陰口をいう人はいないものです。子育てに見栄は禁物です。

子どもが謝恩会の「開会の言葉」をいうことになりました。

子どもが書いてきた挨拶文を添削してあげましょう。

鉛筆を持って、さあ、挑戦。

問題 20 （挨拶を聞く立場も考えて答えてください）

どうするとよい挨拶文になるでしょう。


　桜のつぼみも開きはじめる季節となり、私たちは、いよいよ卒業を迎えます。本日のお別れ会は、先生方・主事さん方・お父さん・お母さんをお招きするとともに、この学校に感謝をし、一つ成長するための大事な行事なので、私たち実行委員は、人一倍神経を使いました。

　そして、今日は、たくさんの方々が来てくださり、よい思い出になりそうです。それでは、来賓のみなさま・先生方・主事さん方・お父さん・お母さん、本日は、ごゆっくりお楽しみください。

　以上をもちまして、開会の言葉とさせていただきます。

（六年女子）

解答・解説

挨拶文には三つのコツがあります。

・長い文を短くする。
・文のねじれ（主語、述語の関係が正しくない）をなおす。
・接続詞をとる。

小学校六年生の優秀な子の挨拶文の下書きです。これだけ下地があれば、少しの化粧は、大人がしてあげてもよいでしょう。くり返しの言葉を避け、「神経を使いました。」のように相手に恩きせがましい表現も書きなおすとよいでしょう。

【訂正文】

桜のつぼみも開きはじめる季節となりました。私たちは、いよいよ卒業を迎えます。六年間過ごしたこの○○小学校に感謝の気持ちで一杯です。

本日、先生方・主事さん方・お父さん・お母さんをお招きいたし、私たちの成長ぶりを見ていただきたいと思い、お別れ会を開きます。私たち実行委員は、企画や進行について相談をくり返しました。

今日は、たくさんの方々が来てくださり、よい思い出となりそうです。

みなさま方、本日は、ごゆっくりお楽しみください。

以上をもちまして、開会の言葉とさせていただきます。

次は、お別れ会の「閉会の言葉」の挨拶文の下書きです。学年で一番小さい男子がこの挨拶をやりたいと申し出ました。

「開会の言葉」の添削を生かし、再度鉛筆を持って、挑戦してみてください。

問題21（挨拶を聞く立場も考えて答えてください）

次の挨拶文を添削しましょう。

先生方、主事さん方、保護者のみなさま、今日のお別れ会を楽しんでいただけましたか。ぼくは、今日のために一生懸命がんばってきたので、とてもよい思い出になりました。

来賓の先生方、ぼくは、今日みなさんに久しぶりに会えて、とてもうれしかったです。元気なようすを目にすることができ、とてもうれしく思いました。もっといっしょに過ごし、たくさん聞きたいこともありましたが、今日は、これでおしまいです。また、どこかで、お会いした時は、ぜひ声をかけてください。私たちは、後、少しで卒業します。中学校に行っても、小学校で学んだことを大切にし、がんばっていきたいと思います。これからも、見守っていてください。本日の会は、これで終わらせていただきます。どうもありがとうございました。

○年○月○日

村上　健

解答・解説

「ぼくは、」（主語）と「思い出になりました。」は、文がねじれています。

「元気なようすを目にすることができ、とてもうれしく思いました。」「ぜひ声をかけてください。」は、目上に対しての挨拶文としては、どこかひっかかります。

【訂正文】

先生方、主事さん方、保護者のみなさま、今日のお別れ会を楽しんでいただけましたか。

今日のために一生懸命がんばってきたことも、よい思い出になりました。

ぼくは、来賓の先生方に久しぶりに会えて、とてもうれしかったです。昔と、変わらないごようすを目にすることができ、なつかしかったです。もっといっしょに過ごし、たくさん、お話をお聞きたいこともありましたが、今日は、これでおしまいです。また、どこかで、お会いすることと思います。お元気でいてください。

ぼくたちは、後、少しで卒業します。中学校に行っても、小学校で学んだことを大切にし、がんばっていきたいと思います。これからも、見守っていてください。

本日の会は、これで終わらせていただきます。どうもありがとうございました。

○年○月○日

村上　健

小さな体から力強く出てくる挨拶に会場の拍手はなり続きました。

「開会の言葉」の女子と「閉会の言葉」の男子の身長の差は実に、二十センチありました。会場にいた大人たちは、二人の姿をみて、大きな成長を感じとったのです。

挨拶文の場合は、内容より話し方の方が大切です。

子どもは原稿用紙一枚四百字の挨拶くらいおぼえるものです。子どもたちの力を過小評価してはいけません。原稿なしで、挨拶させたいものです。

挨拶の構成を頭に描かせます。

①　挨　拶
②　今日のこと
③　これからのこと
④　終わりの言葉（これで、終わらせていただきます。）

大雑把につかめば、少々内容が変わっても、かまわないのです。

何より、堂々と大きな声で力強くいうことです。

親として、子どもに、

「挨拶文はだれも知らないから、間違っても平気だよ。大きな声でいうと賢くみえるよ。わからなくなったら、終わりの言葉(これで、終わらせていただきます。)だけいえばいいよ。」

と助言するとよいでしょう。

ハプニングは起きるものです。

あがってわからなくなった時のことも言い添えると、挨拶に余裕が出ます。

Point
挨拶文は、構成をシンプルにすれば、バッチリ！

多くの学校で、始業式・終業式に、学年の代表に挨拶させることがよくあります。朝礼台の上に立って、全校児童に一言話すことはよい経験になります。子どもが、挨拶の役を引き受けてきたら、**「話す内容を全体でつかむ。」「間違っても平気！」**を強調しましょう。

始業式・終業式の挨拶を学期、学年に応じて、考えていきます。

問題 22 （式のことを想定して答えてください）

始業式・終業式の子どもの挨拶は、どれくらいの長さが適当でしょう。

①　原稿用紙一枚（四百字）くらい
②　原稿用紙半分（二百字）くらい
③　六行（百二十字）くらい

解答・解説

答え

③　六行（百二十字）くらい（低学年）

②　原稿用紙半分（二百字）くらい（高学年）

前章でも挨拶の長さについてふれましたが、できれば、子どもがおぼえられる長さがよいでしょう。

短か過ぎても、だれも文句は言いません。低学年は、三十秒くらい、高学年は。四十五秒くらいが適当でしょう。

始業式・終業式の挨拶は、学校のしきたりでずいぶん違います。

一人の持ち時間も学校によって、異なるでしょう。

それぞれに応じて、この分量を基本にして、内容をふくらませたり、さらに精選すればよいでしょう。

始業式は、その学期をどう送るか、一つだけ具体的に思い描きます。その上で、前後に、全校児童を意識した呼びかけを付け加えればよいのです。学年の代表としての挨拶である場合が多いので、代表を意識した内容を一ついれるとよいでしょう。

始業式の挨拶構成

はじめ…○学期をどんな気持ちでむかえたか。
な　か…何をがんばり、どう送るか。
おわり…聞き手に対して一言。

三学期の始業式

・はじめ…　私は、三学期のはじまりを**緊張**してむかえました。それは、小学校**六年間のまとめ**をどのようにするか、どんなことを**やり残し**ているか、と考え出したからです。

・なか…勉強も学習も、三学期にとり組む時は、今の気持ちを思い出して、一つ一つをしっかりやりとげたいと思います。卒業までの毎日を**くいのないよう**友達とおもいっきり**遊び**ます。

・おわり…みなさんもよい三学期にしてください。（六年女子）

六年の三学期は、卒業を控えて、子どもたちの挨拶文は、不思議なほど遊びにこだわりを持ちます。中学に入ったら遊びより、勉強が待っていると何となく気配を感じているのでしょう。これは、挨拶文の中にあるキーワード「緊張・六年間のまとめ・やり残し・くいのないよう・遊び」からもわかります。

子どもの気持ちを素直に表現させればよいのです。建て前の挨拶にする必要はありません。

ステップアップ情報

挨拶文の中にキーワードを作っておくとよいでしょう。

はじめ…ぼくは、もう六年の三学期になったことに**びっくり**しています。この春、卒業し、中学生になることも**信じられません**。

なか…小学校でまだまだ**やることが残っていそう**です。遊びも勉強も一生懸命がんばります。**一日一日大切**に送るつもりです。休み時間は、仲の良かった友達や下級生と**いっぱい遊ぼう**と思っています。

おわり…みなさん「**遊ぼう。**」って声かけてください。（六年男子）

終業式の挨拶構成

はじめ…一言で言うとどんな学期だったか。
な　か…何をがんばり、どう送ったか。
おわり…聞き手に対して一言。

一学期の終業式

・**はじめ**…　入学して、一学期がたちました。たくさん友達ができました。

・**な　か**…　私は、ひらがなも漢字もおぼえました。あさがおのお花には、毎日忘れず、お水をあげたので、今、きれいなお花が咲いています。種をとるまで、大切に育てます。

・**おわり**…　夏休みは、毎日プールにきて、クロールの練習をしようと思います。みなさんも、けがや病気をしないでください。（一年女子）

パフォーマンスの仕方

学校の挨拶だからといって、ただまじめにやるのでは、おもしろみがありません。挨拶でうけを狙うのは、悪いことではありません。ただ、あくまで、さわやかでなくてはなりません。

二学期の終業式

- **はじめ**…　二学期には、水泳記録会、学芸会、社会科見学など、行事がたくさんありました。
- **な　か**…　中でも、学芸会の練習は、とても楽しく、今でも、「いかがざーます。」（振りと、言いまわしオーバーに）と、せりふが口から出てきてしまいます。ぼくは男ですが、女役をやったのです。よい経験になりました。
- **おわり**…　みなさんは、どんなことが楽しかったですか。冬休みの楽しみは、お年玉。たくさんもらえるよう、お手伝いをたくさんしましょう。（五年男子）

この挨拶文は、全校の児童からどよめきが起こりました。男の子なのに、せりふの部分が実に、女の人の言いまわしでおもしろかったのです。おまけに、終わりの呼びかけも、子どもたちに、インパクトがあったようです。どうせやるなら、このくらいの個性は、表現できると楽しいですね。

Point 委員会発表の原稿は、数値やエピソードを生かす

委員会やクラブに限らず、所属の活動を紹介する場面は、いろいろ生じてきます。小学校には、集会・飼育・栽培・運動・理科・図書委員会などの委員会があり、活動はさまざまですが、どの活動も全校生徒と深いかかわりがあります。たとえば、放送委員会は全校に朝、昼、下校時の放送をします。保健委員会はけがの手当をしたり、その人数や起きる場所を調べたりします。

活動のようすを紹介することは、極めて大切です。一年から六年までを対象に報告することは、理解力が全然違うため、とてもむずかしいのです。一年生にわかるようにいえば、六年生には幼稚なつまらない内容になってしまい、六年生に合わせると、一年生には、むずかしくなりがちです。

問題 23 （保健委員になったつもりで答えてください）

保健委員会で「けがについて」の報告をするとします。活動の紹介で大事なことは何でしょう。一つだけ書きましょう。

解答・解説

答え

事実を数値で表して話す。

たとえば、保健委員会の紹介をする時なら、

①　休み時間のけが人の数（曜日別）
②　けがの種類とけが人の数
③　場所によるけがの起きた数
④　かぜで休んだ人の数（学年別）

など、数値であらわすことはたくさんあります。

これを、グラフなどであらわせば、学年に関係なく、子どもたちは、興味深く聞きます。それに対し、「けががたくさん増えています。気をつけましょう。保健委員会もとても忙しいです。」のように、「思い」で紹介しても、子どもたちには、ほとんど、インパクトがなく、学校全体の保健活動がみえてきません。

「思い」で紹介せず、**事実を報告すること**が大切です。

けがの起きるようすと手当について劇風に紹介した委員会報告も全校児童に大人気でした。楽しい、おもしろい、興味深い報告は、エピソードの中にあるのです。

Point

クラブ紹介の発表は、実演をとり入れる

基本的には委員会紹介と同じです。

クラブ発表の場合は、実演をみせます。

運動系のクラブでしたら、野球解説、相撲解説をイメージするといいでしょう。料理クラブならさしずめ、テレビの料理番組のような形式で進めるのも楽しいものです。

クラブ紹介のマニュアル

① ○○クラブの部員は、○名です。
② 活動場所は、○○○です。
③ 活動時間は、○○○です。
④ 一年間の主な活動内容は○○です。
⑤ その中から一つおみせします。【実演】
⑥ クラブはみんな仲良く、助け合って活動しています。
（技を磨きあっています。）【まとめ】

左ページに、このマニュアルにそった委員会紹介を示しました。

このようなクラブ紹介は、だれ一人、目をはなす子はいません。

ソーダ水を注いだところで、まず、グリーン色に声があがります。

アイスクリームをのせたところで、「食べたい」「おいしそう」の声は高らかに、合唱となり、校長先生が食べる段階では、「ずる〜い」と盛りあがるのです。

ふだんアイスクリームを食べ慣れない校長先生も、これだけ、羨望のまなざしを浴びては、「パクリ」と、わざと特権意識を誇示し、召しあがるというわけです。

もちろん、多くの子どもたちは、家に帰って作ってみることになります。

子どもたちをつき動かす報告です。

例

料理クラブ

マニュアル ①、②、③、④ のあと、

⑤ 今日はクリームソーダを作ってみます！

1人目
ここに大きめのコップがあります。

2人目
コップにメロンシロップを入れます。

3人目
氷をいれます。

4人目
さらに、ソーダ水をくわえます。あわがあふれないようにあわてずいれます。

5人目
さてお待ちかね、アイスクリームをのせて出来上がり。

6人目
サクランボと長いスプーンを添えて、校長先生に食べていただきます。

あとがき

小学校の教師になることが、私の夢でした。夢が叶い、長い間、教師を続けてきました。

保護者の方から、毎日のように連絡帳などで連絡を受け取りました。また、折りにつけ手紙も頂きました。

欠席届けや授業の見学届など、日常の連絡でも、保護者の方によって、書き方は様々でした。用件が伝われば、もちろんそれでよいといえばよいのですが、短い連絡の言葉にも、うれしくなるような言葉がそっと添えられていることがありました。こうしたことは、教師も口に出して言うことはないでしょう。

連絡帳に、授業参観の感想や家に帰っての子どもの様子などが書かれていて、教師の仕事の喜びをもらうことがありました。

「いつもお世話になっています。今日あやめが帰ってくると、私に『直角ビーム』と言って、右手を立て、左手を横にして直角を作って見せました。算数の時間の話を、とても楽しそうに話してくれました。これで『直角』はばっちり身についたようです。いつも、楽しい授業をありがとうございます。」

お子さんが、教師と保護者をつないでくれていたのです。
私もまた、一筆箋によくお子さんの様子を伝えました。
「だいきくんの朝の挨拶がとても気持ちがいいです。ご家庭で、そうしたことを大切にされていることを強く感じます。ほめてあげてくださいね。」

本書は、保護者と教師の「書く」場面を様々取り上げ、このように書くとよいと例示を示しました。また、お子さんが学校で活躍する時に、「書く」場面が生じます。その時のアドバイスも示しました。

私は退職して、株式会社騒人社で本づくりをしています。現職の時から、向山洋一氏のご指導を頂きながら、本を出版してきました。この度、自分の本を、騒人社から出版できることになり幸せです。

本書が保護者をはじめ、先生方の参考になれば幸せです。

師尾喜代子

【編者紹介】

向山洋一（むこうやまよういち）

東京都出身。東京学芸大学社会科卒業。東京都大田区の公立小学校教師となる。日本教育技術学会会長。NHK「クイズ面白ゼミナール」教科書問題作成委員、千葉大学非常勤講師、上海師範大学客員教授などの経歴をもつ。退職後は、TOSS（Teacher's Organization of Skill Sharing）の運営に力を注いでいる。モンスターペアレント、黄金の3日間、チャレンジランキング、ジュニアボランティア教育など、教育にかかわる用語を多く考案・提唱している。著書多数。

【筆者紹介】

師尾喜代子（もろおきよこ）

静岡県磐田市出身。青山学院大学卒業。東京都世田谷区、大田区の小学校教師となり定年まで勤めた。現職中に「子どもがじっと耳を傾ける魔法のおはなし」（PHP）、「この目で見た向山実践」女教師ツーウェイ編集長（明治図書）他著書多数、退職後、株式会社騒人社の代表取締役社長。絵本「ワーキングメモリをきたえるアタマげんきどこどこ」（全10巻）「そのまま保護者会資料」など出版。認知症予防脳トレ士としても活動。

【編集協力】

国友靖夫　田中浩幸　斎藤俊浩　佐藤あかね　久保田昭彦　中田駿吾
原成美　齋野航也　中濱麻美　白石和子　笠井美香

TOSS KIDS SCHOOL　家庭教育シリーズ5
保護者と教師のための文章教室
連絡帳の書き方と子どもへのアドバイスのコツ

2019年 3月28日　第1版第1刷発行

編　　者　向山　洋一
著　　者　師尾　喜代子
イラスト　柳岡　紋佳
装丁デザイン　株式会社グローブグラフィック
発 行 者　師尾喜代子
発 行 所　株式会社　騒人社
〒142-0054　東京都品川区西中延3-14-2 第2TOSSビル
TEL 03-5751-7662　FAX 03-5751-7663
会 社 HP　http://soujin-sha.com/
本文レイアウト・印刷製本　株式会社双文社印刷

ISBN978-4-88290-084-9

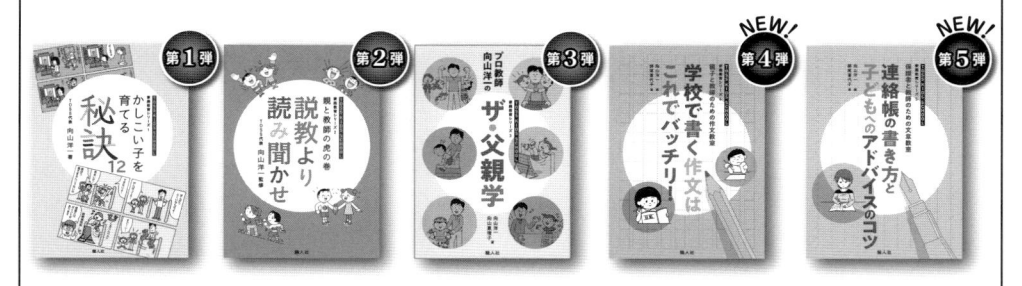

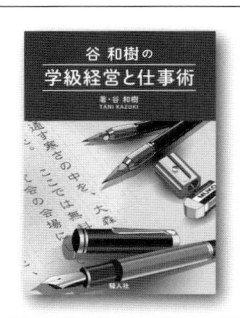

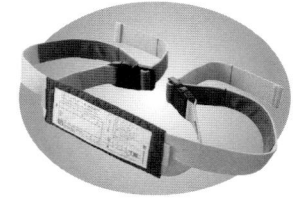

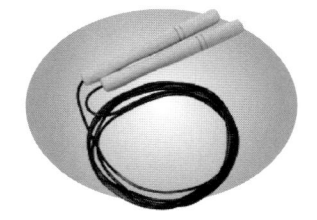

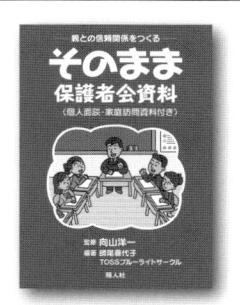

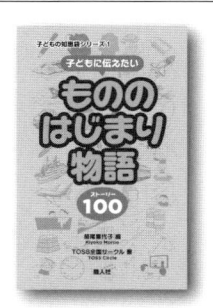

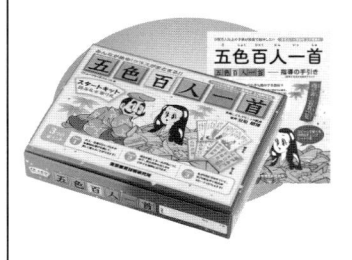